商標・登録商標について

JN090959

はじめに

大学(被服系学部)にアパレルCAD教育が導入されたのは、昭和の終わりから平成にかけてであり、現在、およそ30年が経過する。武庫川女子大学生活環境学部生活環境学科では、昭和62(1987)年にアパレルCADシステムを導入し、アパレルCAD教育を開始した(当時の名称は、家政学部被服学科)。現在と比較して当時は、コンピュータやソフトウェアが高価であり、複数名に1台という環境がいわば当然であったが、現在では、1人1台時代に到達したと言える。新しい教育であったアパレルCAD教育は時代の流れと共に、大学で学ぶことが必須の内容となり、被服教育における従来からの教育内容に加え、アパレルCADを学ぶことは標準となった。アパレルCADは、システムの操作を身に付けることのみが学びではなく、衣服のパターンメーキングを理解し、その知識を基礎力として持った上でコンピュータを用いて作図をするというものであり、入門期では、パターンメーキングとCADの2つの要素があることから、大学生にとって、高度な学びとなることは否めない。

本書では、アパレルCAD操作のみならず、パターンメーキングの手法についても学べるように図を多く掲載し、操作画面内のメニュー等はソフトウェアが示す画面そのものを掲載している。また、メニューを階層で色分けする等、学ぶ立場だけではなく、指導者側にとっても初級編として取り組みやすい仕様としている。

アパレルCADのテキストでは、被服構成学の学びの順と同様に下衣、特にスカートをアイテムとして扱うことが多く、本書も同様である。入門期においては、スカートで学んだCAD操作を別のアイテムに反映する等の応用は難しいことも考えられる。本書では、スカートで扱った技術を上衣(身頃)に応用するスキルを培う意味合いから、操作方法を解説したアイテムの直後のページに類似の操作で作図できるアイテムを扱った演習問題を掲載しており、アパレルCADの基本操作とパターンメーキングを併せて修得することを目的としている。

東レACS株式会社の皆様には、クレアコンポⅡのソフトウェアの導入から使用法のご指導に始まり、本書の出版にあたり、多大なるご配慮・ご協力をいただきました。また、株式会社 三恵社の皆様には、本書の出版にあたり、多大なるご配慮・ご協力をいただきました。ここに、厚く御礼申し上げます。

2023年1月

著者　　末弘　由佳理

池田　仁美

目　次

本書で作図する
アイテム一覧

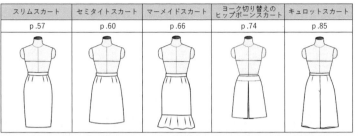

スリムスカート	セミタイトスカート	マーメイドスカート	ヨーク切り替えの ヒップボーンスカート	キュロットスカート
p.57	p.60	p.66	p.74	p.85

フレアスリーブ	ペプラム付きブラウス	フリルカラー	カスケードカラー	ヨーク切り替えの プリーツブラウス	タイトスリーブ
p.65	p.72	p.73	p.73	p.83	p.100

ラウンドネックライン	Vネックライン	スクエアネックライン	シャツカラー	ロールカラー	フード
p.101	p.103	p.105	p.106	p.111	p.120

フラットカラー （衿腰無し）	フラットカラー （衿腰有り）	セーラーカラー	ハイネック	テーラードカラー	
p.112	p.114	p.119	p.125	p.128	

					まち入りフード
					p.124

ギャザースカート	ティアードスカート	フレアースカート	サーキュラースカート	3段フリル付 タイトスカート
p.135	p.139	p.141	p.148	p.153

1

PATTERN MAGIC II（パターンマジックII）の起動・終了・保存方法

1. パターンマジックIIの起動

アイコンからの起動

アイコンを
ダブルクリック

スタートメニューからの起動

②「ロゴのキャプチャー」又は
Pattern Magic IIを選択

① スタートボタンをクリック

2. パターンマジックIIの終了

メニューからの終了

ファイル ⇒ 終了

閉じるボタンからの終了

パターンマジックIIの終了

3. ファイルの保存

ファイル ⇒ ファイル保存

←PATTERN MAGIC II 形式(PD2)で保存

← PATTERN MAGIC II 形式(PDT)で保存

←互換データ形式(DXF)※で保存

※互換データ形式(DXF)で保存すると他ソフトで
インポートすることができる

キャンバスは自動保存され、次回は前回終了画面
が表示される。

2

パターンマジックⅡのウィンドウ

1. 画面構成

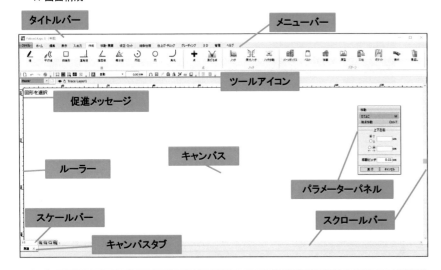

タイトルバー　メニューバー　ツールアイコン　促進メッセージ　キャンバス　ルーラー　パラメーターパネル　スクロールバー　スケールバー　スクロールバー　キャンバスタブ

CADの作業画面の初期サイズは10m×10mの大きさである。　※変更可「管理」⇒オプション

2. 単位

管理 ⇒ オプション ⇒ 動作環境・動作環境2

距離および面積の単位を選択することができる

3. スケールバー

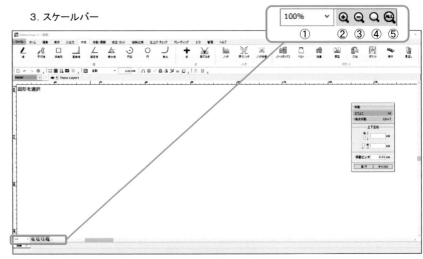

①表示倍率・・・・・作業しているキャンバスの倍率を表示
　　　　●プルダウンで倍率を選択できる
②拡大・・・・・画面表示をボタン押下毎に拡大
　　　　●図形の近くでマウスのホイールを手前に回しても拡大できる
③縮小・・・・・画面表示をボタン押下毎に縮小
　　　　●図形の近くでマウスのホイールを反対側に回しても拡大できる
④拡大表示・・・・・ドラッグで選択した範囲を拡大
　　　　●ショートカット【F7】　　　　拡大表示は最大50倍（5000%）
⑤全体表示・・・・・キャンバス上にある図形全てを表示
　　　　●ショートカット【F8】

4. パラメーターパネルの色表示
パネルの色から、どの状態の図形に操作が対応しているかを確認することができる

非パーツ状態の図形対象　　パーツ状態の図形対象　　パーツ・非パーツ状態の図形対象

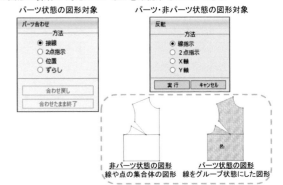

非パーツ状態の図形　　　パーツ状態の図形
線や点の集合体の図形　　線をグループ状態にした図形

ツールアイコン

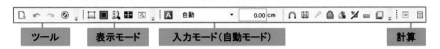

| ツール | 表示モード | 入力モード（自動モード） | 計算 |

●表示モードバー

●端点表示
線の分割位置を表示する

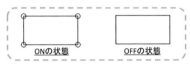

- **ONの状態**‥‥‥線の端点に〇を表示
- **OFFの状態**‥‥‥線の端点を非表示

ONの状態　　OFFの状態

●グリッド丸め
グリッド線（方眼線）の表示とグリッドスナップを切り替える

- **表示ON、スナップONの状態**‥‥‥グリッドを表示し、グリッドに図形をスナップできる
- **表示ON、スナップOFFの状態**‥‥‥グリッドを表示し、グリッドに図形はスナップしない
- **表示OFFの状態**‥‥‥グリッドを非表示にする

●線種強調
点線、破線などのステッチ線のピッチ（間隔）表示を切り替える

- **ONの状態**‥‥‥画面表示や印刷のスケールに関係なく、画面上・印刷結果の点線ピッチが同じになる
- **OFFの状態**‥‥‥線幅に関係なく、スケールに連動して画面上・印刷結果の点線ピッチが変化する

●図形プロパティ
「移動」メニューや、「図形チェック」メニューで図形を選択すると、その図形の情報がプロパティウィンドウに表示される

＜内部線＞線幅、線種、ペン種類（色等）を変えることができる

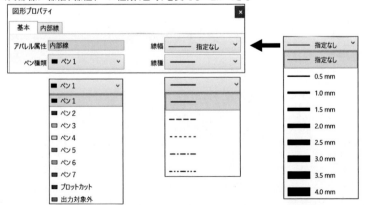

●入力モードバー

・自動モード/ON【F9】
スナップ位置を検知して自動的に切り替える

・自動モード/OFF【F9】
スナップ位置を指定する

※スナップとは、マウスポインターを図形の近くに移動した際に吸着する動作のこと

●スナップ位置　＊アルファベット＋数字＝ショートカット

- **フリー F2**　スナップしない
- **基点 F3**　線の端点位置にスナップする
- **線上点 F4**　線上の任意の位置、またはノッチにスナップする
- **交点 F5**　線の交点位置にスナップする
- **比率点 F6**　線長の比率位置にスナップする
  ・初期値は1/2
  ・分子・分母の変更ができる
- **自動 F10**　自動的にスナップ位置を検知する

> 自動モードONの状態でもショートカットやプルダウンでスナップの種類を選択して強制的にスナップすることができる

●スナップ値
スナップ位置からの距離、比率を入力してスナップ位置を調整できる

| A 基点 ▼ | cm |

●磁石モード
移動する線に隣接している線の状態を選択できる
・「移動」「延長・短縮」等で使用する
・選択した線を移動した時に、その線の端点でつながっている線も同時に移動できる

- **ONの状態**‥‥‥選択した線と端点でつながっている線も同時に移動、隣接している線を引っ張るように動かす
- **OFFの状態**‥‥‥選択した線のみが移動、隣接している線は移動しない

●囲みモード
ドラッグの囲みによる図形選択の状態を選択できる

- **部分包含（赤色）**‥‥‥ドラッグの囲みに部分的にでも入った図形は全て選択
- **完全包含（黒色）**‥‥‥ドラッグの囲みの中に完全に入った図形のみを選択

●ダブルクリック選択モード
複数線をダブルクリックで選択したときの状態を選択できる

- **全長選択**‥‥‥つながりの良い線を全て選択
- **分割選択**‥‥‥クリック位置に近い分割位置から選択

※このモードが利用できるのは
⇒「ノッチ」「平行線」「ステッチ線」「つながり修正」「直角化」

●パーツ内モード
パーツ化図形の内部にある要素を対象にするかどうかを選択

  🔒 ONの状態 ・・・・・選択できる

  🔓 OFFの状態・・・・選択できない

●全サイズモード
サイズ展開しているパーツに対する処理を全サイズ対象とするかどうか選択できる

  ☁ ONの状態 ・・・・・全サイズ処理

  ☁ OFFの状態・・・・・マスターサイズのみ処理

※このモードが利用できるのは
⇒「消しゴム」「縫い代付け」「点」「拡大・縮小」「軸並べ」
「パーツ情報」「取り出し」「目打ち点」「同寸ノッチ」「ノッチ」「ノッチ移動」
「反転」「回転」「移動(パーツ内モード)」

●重なり選択
重なり図形の選択動作を選択できる

  ✂ ONの状態 ・・・・・重なっている図形がある場合、パネル表示から図形を選択できる

  ✂ OFFの状態・・・・・重なっている図形がある場合、前面にある図形を選択

●コピーモード
処理完了時に元図形をコピーするかどうかを選択できる

  🗐 ONの状態 ・・・・・元図形をコピーする

  🗌 OFFの状態・・・・・元図形をコピーしない

●カーボンコピーレイヤー
現在のレイヤーをそのままコピーしたカーボンコピーレイヤーを作成できる

  🗔 ONの状態 ・・・・・カーボンコピーレイヤーを作成する

  🗔 OFFの状態・・・・・カーボンコピーレイヤー作成しない。または、作成したカーボンコピー
レイヤーを削除する

●計測バー
●計測値メモ 🔢
「計測」の計測結果一覧を表示する

●電卓 🔢
電卓を表示する

ものを作るためには、基となる型が必要である。平面裁断での服作りの基型を原型という。
原型には、性別、年齢別により婦人・男子・子供原型(1〜12歳までの男女児)がある。

1.文化式身頃・袖原型の作成

(1) 　作成　⇨　原型　⇨　身頃-1

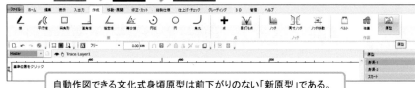

自動作図できる文化式身頃原型は前下がりのない「新原型」である。

(2) パラメーターパネルに必要寸法を入力

(3) 基点(BNP)とする箇所を指示し、Enter又は実行

原型	
身頃-1	
身頃-2	
スカート	
1)バスト	83.00 cm
2)背丈	38.00 cm
3)ウエスト	64.00 cm
4)袖丈	52.00 cm
既定値に戻す	
実行	キャンセル

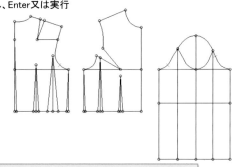

「既定値に戻す」＝初期値(標準サイズ)に戻る

参考

旧文化式身頃・袖原型

「旧身頃原型」「新身頃原型」とは

　2000年に文化式原型(〜1999)が改訂され、
新文化式原型が考案された。1999年までのい
わゆる「旧原型」は身頃半身に対して、バストに
5cmのゆとりを入れた原型であった。それに対し
て「新原型」は身頃半身に対して、バストに6cm
のゆとりを入れている。
　新原型は長らく続いた「前下がり」が無くなった
こと、バストとウエスト寸法から算出する6か所
のウエストダーツを持つことが大きな特徴である。

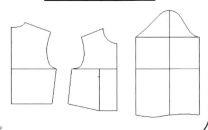

2. ドレメ式身頃・袖原型の作成

（1）

（2） パラメーターパネルに必要寸法を入力

（3） 基点とする箇所を指示し、Enter又は実行

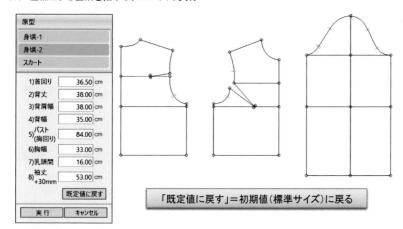

原型		
身頃-1		
身頃-2		
スカート		
1)首回り	36.50	cm
2)背丈	38.00	cm
3)背肩幅	38.00	cm
4)背幅	35.00	cm
5)バスト(胸回り)	84.00	cm
6)胸幅	33.00	cm
7)乳頭間	16.00	cm
8)袖丈+30mm	53.00	cm
既定値に戻す		
実 行	キャンセル	

「既定値に戻す」＝初期値（標準サイズ）に戻る

参考

ドレメ式身頃原型

　身頃原型には、文化式、西島式、ドレメ式、伊東式、田中式等がある。ドレメ式原型は文化式原型と比較すると、作図の際に身体各部の寸法が数多く必要であり、また製図方法も複雑である。寸法が多い故の身体へのフィット感（正確さ）は文化式よりも高いとされている。

　採寸箇所の数、作図の簡単さ等から大学では、文化式の原型を用いるところが多く、高等学校においても同様である。高等学校では作図法の理解のし易さ等から、現在も文化式の「旧身頃原型」が掲載されている。「新身頃原型」については、ウエストフィット型原型との名称で高等学校の教科書には新旧の原型が併記されている。

3. スカート原型の作成

（1）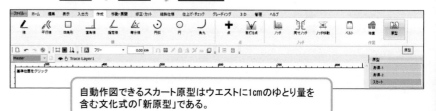

自動作図できるスカート原型はウエストに1cmのゆとり量を含む文化式の「新原型」である。

（2） パラメーターパネルに必要寸法を入力

（3） 基点とする箇所を指示し、Enter又は実行

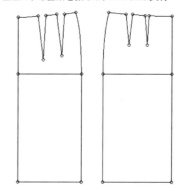

原型		
身頃-1		
身頃-2		
スカート		
1)ウエスト	64.00	cm
2)ヒップ	91.00	cm
3)腰丈	18.00	cm
4)丈	60.00	cm
5)ウエストゆとり分	1.00	cm
6)ヒップゆとり半身	2.00	cm
7)後中心下がり	0.50	cm
8)前後差	1.00	cm
既定値に戻す		
実 行	キャンセル	

「既定値に戻す」＝初期値（標準サイズ）に戻る

参考

「旧スカート原型」と「新スカート原型」

　上述の通り、「新原型」にはウエスト全体に対して1cmのゆとり量を入れている。「旧原型」には、ゆとりは入っていないが、全体で2cmのいせ分量を入れ、ウエストから腹部へのふくらみ（丸み）にフィットさせるものであった。ウエストダーツの数は新旧に差はないが、「新原型」は、前中心側のダーツの位置が前中心寄りになったこと、後ろ中心側のダーツ止まりの位置が低くなったこと、後ろ脇側のダーツの深さを寸法として決めずに前脇側ダーツと後ろ中心側ダーツ止まりを結ぶことで後ろ脇側ダーツの深さを決定するという作図である。このことから幅広い体型に対して、より適合する原型になったと言える。
＊製図を平面で見た場合には、新旧原型の間に身頃原型のような歴然とした差はない。

1. 直線

（1） 作成 ➡ 線 ➡ 直線

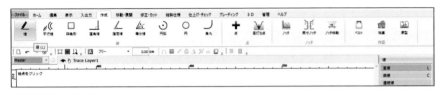

（2） 入力モードバー等を利用し、始点・終点をクリック

スナップの利用

① モードを選択（例：基点）
※自動モードONの場合は選択しなくてもよい

基点　　　▼　　　　cm

② 作成する位置（始点側）をクリック

③ 指定する距離（スナップ値）を入力
例：3cm

基点　　　▼　　3　cm

④ 作成する位置（終点側）をクリック

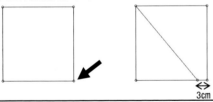
3cm

参考

Ctrlキーの利用

キーボードの Ctrlキーを利用すると、水平・垂直線が容易に作成できる。

① Ctrlキーを押しながら、ポインターを移動（クリックしないこと）
② 終点が決まったら、Ctrlキーを押したままクリック

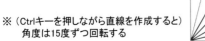

※（Ctrlキーを押しながら直線を作成すると）
角度は15度ずつ回転する

パネルの利用
始点から上下左右方向に距離を指定し、直線を作成する

① 始点をクリック

② 上下・左右方向の距離を入力　実行

たて・よこ方向の移動を同時に指示できるので、衣服の製図をする上で便利な機能。

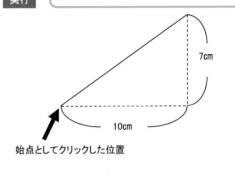
7cm
10cm

始点としてクリックした位置

2. 曲線

（1） 作成 ➡ 線 ➡ 曲線作成

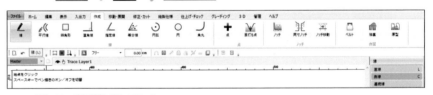

（2） モードを選択（例：フリー）
※自動モードONの場合は選択しなくてもよい

Ａ フリー　　　▼　　0.00 cm

① 始点とする位置でクリック

② 中点とする位置でクリック

③ 終点とする位置で
ダブルクリック
（またはクリック＋Enter）

3. 平行線

（1）　作成 ➡ 線 ➡ 平行線

（2）　基準にする線を選択 ⇒ Enter

（3）　平行線を作成する側をクリック

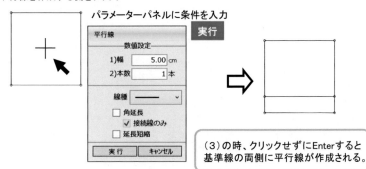

パラメーターパネルに条件を入力　実行

平行線
- 数値設定 -
1) 幅　　5.00 cm
2) 本数　　1 本

線種 ────────

☐ 角延長
☑ 接続線のみ
☐ 延長短縮

実行　　キャンセル

（3）の時、クリックせずにEnterすると基準線の両側に平行線が作成される。

参考

ヘルプメニュー

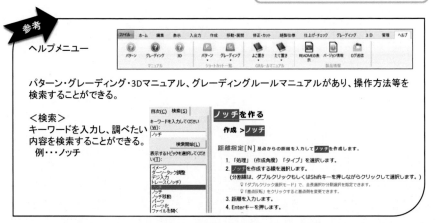

パターン・グレーディング・3Dマニュアル、グレーディングルールマニュアルがあり、操作方法等を検索することができる。

＜検索＞
キーワードを入力し、調べたい内容を検索することができる。
　例・・・ノッチ

印刷

画面印刷・・・キャンバスに表示している範囲を出力
実寸印刷 ・・・印刷範囲を指定し、実寸で出力
デザイン管理表印刷・・・デザイン管理表として出力

1. 画面印刷

（1）　印刷範囲を画面に表示

（2）　入出力 ➡ 画面印刷

2. 実寸印刷

（1）　入出力 ➡ 実寸印刷

（2）　パラメーターパネルから用紙サイズを選択
　　※[1] 実物大、指定（縮尺）を設定
　　※[2] 1枚に入りきらない時は複数枚を指示
　　※[3]「ページ番号を表示」・・・用紙枠にページ番号を印字
　　　　「合わせ番号を印刷」・・・用紙の貼り合わせ位置に合わせ番号を印字
　　　　「角マークを印刷」・・・用紙の印刷範囲を示す角マークを印字

（3）　実行

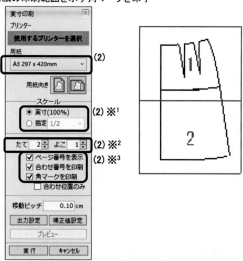

実寸印刷
プリンター
使用するプリンターを選択
用紙
A3 297 x 420mm　　　　(2)

用紙向き

スケール
◉ 実寸(100%)　　(2)※[1]
○ 指定 1/2

たて 2 よこ 1　(2)※[2]
☑ ページ番号を表示　(2)※[3]
☑ 合わせ番号を印刷
☑ 角マークを印刷
☐ 合わせ位置のみ

移動ピッチ　　0.10 cm

出力設定　補正値設定
プレビュー
実行　　キャンセル

3. デザイン管理表印刷

（1）　入出力　⇨　デザイン管理表印刷

（2）　印刷開始

デザイン管理表印刷

印刷開始	印刷終了

レイアウト　ACS標準(A4)

プリンター　使用するプリンター

用紙　A4

ページ　1 / 1

出力段数　1　段組

参考

実物印刷で用紙が2枚以上にわたったら・・・

用紙を貼り合せて1枚にする。

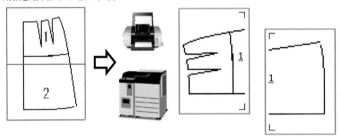

角トンボが仕上がりの最端になるため、トンボ同士を重ねて配置し、貼り合せる。

角トンボ　⇨⇦　角トンボ

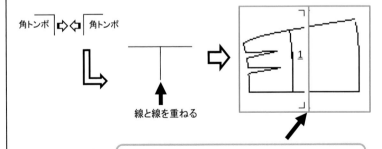

線と線を重ねる

片方の紙のトンボ外の紙端を切り落とす或いは折るなどしてから貼り合わせると継ぎ目がきれいに出る。

パターンマジックⅡの基本操作（記号などの作成）

1. 地の目線

（1）　縫製仕様　⇨　地の目

（2）　フリー作成を選択

地の目

フリー作成	G
線指示	
解除	
修正	

（3）　地の目線を作成する
　　　始点・終点をクリック

実行

Ctrlキーを押しながら終点を
クリックすると垂線がひける。

① 始点

② 終点

2. わさマーク

（1）　縫製仕様　⇨　わさマーク

（2）　作成位置をクリック　（3）　作成する側をクリック　（4）円の半径を入力　　実行

わさマーク

円の半径

1）内側　　1.00 cm

2）外側　　1.50 cm

☑ 半径連動
☐ グループ化

実行	キャンセル

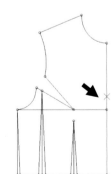
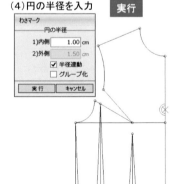

3. ギャザー

縫製仕様 ➡ いせマーク ➡ フリー作成 ・波線

クリック ⇒ Ctrl ダブルクリック 実行

「作成＞線」機能を用いて直線を作成し、「いせマーク」の線指示（波線）を用いて線種変更する方法もある

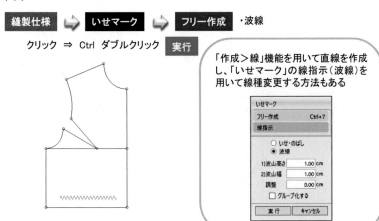

いせマーク

フリー作成　　　Ctrl+7
線指示

　○ いせ・のばし
　◉ 波線

　1)波山高さ　　1.00 cm
　2)波山幅　　　1.00 cm
　調整　　　　0.00 cm
　□ グループ化する

　実行　　キャンセル

4. いせる（のばす）

縫製仕様 ➡ いせマーク ➡ フリー作成 ・いせ・のばし

クリック ⇒ クリック ⇒ ダブルクリック 実行

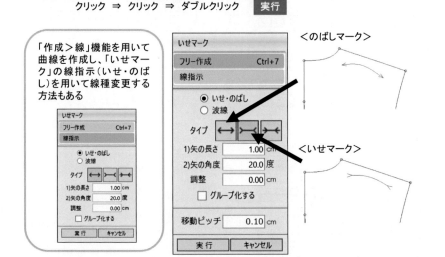

「作成＞線」機能を用いて曲線を作成し、「いせマーク」の線指示（いせ・のばし）を用いて線種変更する方法もある

いせマーク

フリー作成　　　Ctrl+7
線指示

　◉ いせ・のばし
　○ 波線

タイプ ←→ →←← ←←
1)矢の長さ　　1.00 cm
2)矢の角度　　20.0 度
調整　　　　0.00 cm
□ グループ化する

　実行　　キャンセル

いせマーク

フリー作成　　　Ctrl+7
線指示

　◉ いせ・のばし
　○ 波線

タイプ ←→ →←← ←←
1)矢の長さ　　1.00 cm
2)矢の角度　　20.0 度
調整　　　　0.00 cm
□ グループ化する

移動ピッチ　0.10 cm

　実行　　キャンセル

＜のばしマーク＞

＜いせマーク＞

5. 文字入力

（1）縫製仕様 ➡ 文字　　文字を入れたい位置をクリック

（2）文字を入力する位置をクリック

キャンバス内のパターン以外の場所にも文字入力できる。

パーツ化（p.30）したパターンには「パーツ情報の設定」（p.33）で入力する。

（3）（必要に応じて）フォント・サイズ等を変更

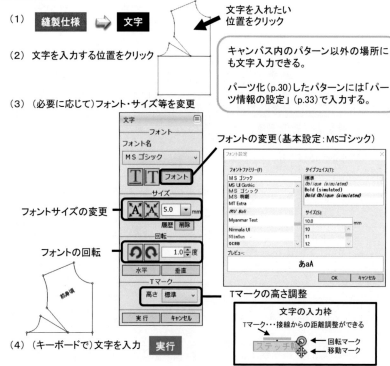

文字

フォント
フォント名
MS ゴシック

T T フォント

サイズ
A A 5.0 mm
履歴　削除

回転
↺ ↻ 1.0 ⬍ 度
水平　垂直

Tマーク
高さ 標準

実行　キャンセル

前身頃

フォントの変更（基本設定：MSゴシック）

フォント設定

フォントファミリー(F)　　タイプフェイス(T):
　　　　　　　　　　標準
MS ゴシック　　　　Oblique (simulated)
MS UI Gothic　　　Bold (simulated)
MS ゴシック　　　　Bold Oblique (simulated)
MS 明朝
MT Extra　　　　　サイズ(S):
MV Boli　　　　　　10.0　　mm
Myanmar Text　　10
Nirmala UI　　　　11
NSimSun　　　　　12
OCRB

プレビュー:
あaA

OK　キャンセル

フォントサイズの変更

フォントの回転

Tマークの高さ調整

文字の入力枠

Tマーク・・・接線からの距離調整ができる

ステッチ幅 ← 回転マーク
　　　　　　← 移動マーク

（4）（キーボードで）文字を入力 実行

6. ノッチ

（1）作成 ➡ ノッチ ➡ 距離指示

（2）ノッチを作成する線を選択（スタート位置に近い方を選ぶ）

（3）数値や形状を調節→ Enter

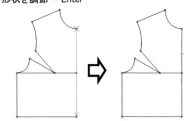

ノッチ

距離指示　　　　N
線指示
クリック指示
等分割
ノッチ変更　Shift+Y

処理
◉ 1点　　○ 水平
○ 2等分角　○ 垂直

距離　　　10.00 cm

タイプ 丨

作成側 内側

1. 持ち出し作成

（1）基となる身頃を準備する

  身頃-1

> FNPは必要に応じて動かすとよい
> ここでは、説明用として原型のFNPを使用

（2） 平行線

図形を選択→Enter　　作成側をクリック　　数値を入力→Enter
（例：1.5cm）実行

Enter

（3）修正・カット ⇨ 延長・短縮 ⇨ 線まで

変更する線（修正側）を選択　　目的線を選択
（（2）で引いた平行線をクリック）

 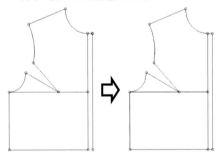

★裾側も同様の方法で延長

---

2. ボタン作成

（1）基となるパターンを準備する
　　（p.19「1. 持ち出し作成」参照）

（2）縫製仕様 ⇨ ボタン ・基準線を指示

  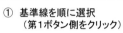 

① 基準線を順に選択
　（第1ボタン側をクリック）

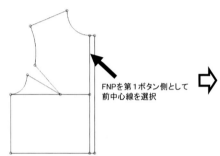

FNPを第1ボタン側として
前中心線を選択

② パラメーターパネルにボタンの配置情報を入力

実行

始点・終点からの距離

個数

大きさ

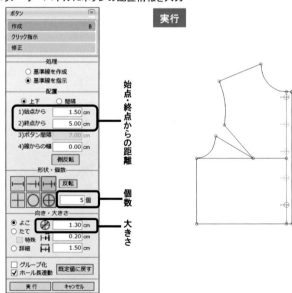

ベルトの作成（手動）

パターンマジックⅡには自動ベルト作図機能があるが、ここでは四角を描いてベルトを作図する方法を解説する。

1. 仕上げ寸法で作図する方法

（1） 必要寸法（ウエスト+ゆとり量1cm）の四角形を描く

① 作成 ➡ 四角形

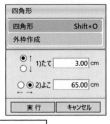

例：ウエスト64cm
　　ベルト幅3cm
　　持ち出し寸法3cm

② パラメーターパネルに必要寸法を入力　実行
　　たて：ベルト幅
　　よこ：ウエスト寸法＋ゆとり量（1cm）

③ 合い印を入れる
　　例：後ろ中心ファスナーの場合

作成 ➡ 平行線

後ろ1/2ウエスト寸法（例：14.25cm）

平行線を作る線を選択 ⇒ Enter

作成する側をクリック

幅・本数・線種を設定

★左右脇、前中心も同様の方法で合印を入れる

前1/2ウエスト寸法（例：18.25cm）

④ 持ち出しを作成する
　　（p.19「1. 持ち出し作成」参照）

---

2. ウエストサイズを測定して作図する方法

（1） 仕上げ・チェック ➡ 計測

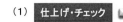  

（2） 必要寸法（実測値）の四角を描く

① 作成 ➡ 四角形

例：ベルト幅3cm
　　持ち出し寸法3cm

② パラメーターパネルに必要寸法を入力　実行
　　たて：ベルト幅
　　よこ：ウエスト寸法（（1）で計測した値×2　例：（14.17cm+18.17cm）×2＝64.68cm）

③ 合い印を入れる
　　例：後ろ中心ファスナーの場合

作成 ➡ 平行線

後ろ1/2ウエスト寸法（実測値）

平行線を作る線を選択 ⇒ Enter

作成する側をクリック

幅・本数・線種を設定

実測値を入れる

★左右脇、前中心も同様の方法で合印を入れる

④ 持ち出しを作成する
　　（p.19「1. 持ち出し作成」参照）

つ な が り 修 正

パターンが仕上がった際に、縫合する箇所のつながりを確認し、縫製した際に、つながりのよい形状に修正する。

　長さ合わせ：接合線の長さを合わせられる
　位置合わせ：接合線の長さは合わせられない

1. つながり修正（長さ合わせ）

（1） 修正・カット　⇨　つながり修正 ・長さ合わせ

つながり修正
方法
○ 位置合わせ
● 長さ合わせ

（2）あがり線を順に指示する

① 修正する線を選択
　（基準になる方側からウエストラインを順にクリック）
　（例：3か所を順に選択、都度にEnterで確定）

中心寄りをクリック　　中心寄りをクリック
Enter　　Enter
中心寄りをクリック
Enter

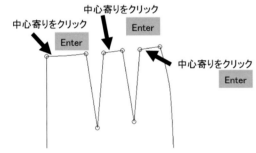

② （図のようにウエストラインが全てピンク色になれば）Enterで確定

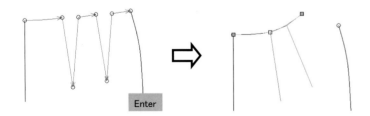

Enter

必要な場合は端点からの距離を入力
※不必要な場合はそのままEnter

③ 「分割数」を入力　実行

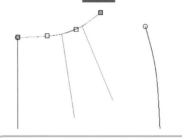

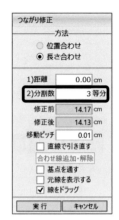

つながり修正
方法
○ 位置合わせ
● 長さ合わせ

1）距離　　　0.00 cm
2）分割数　　3 等分
修正前　　14.17 cm
修正後　　14.13 cm
移動ピッチ　0.01 cm
□ 直線で引き直す
合わせ線追加・解除
□ 基点を通す
□ 元線を表示する
☑ 線をドラッグ

実行　　キャンセル

「分割数」-1のノードが表示され、指定した線が○等分される。「実行」キーをクリックするまでは分割数の変更ができる。

④ ノブ・ノード調節

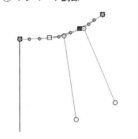

Enter

ノブ（又はノード）をドラッグ又はキーボードの矢印キーで移動する。

ノブ　　ノード
ハンドル

移動が終わればEnter

「自動モード」機能がはたらき、細やかな動きがし辛いときは、「自動モード」をOFFにするとよい。
（P.6「入力モードバー」参照）

参考

つながり修正後に中心や脇が鋭角になった場合には直角化するとよい

修正・カット　⇨　直角化

① 基準線を選択　② 直角化する線を選択　③ 数値を調節または直線部をクリック（例：0.5cm）

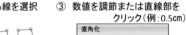

直角化
端点から　　　　Shift+X
指示した位置から

原形部分指示
● 1/5　　○ 2/5
○ 1/4　　○ 1/2
○ 1/3　　○ なし

数値入力
1）長さ　　0.50 cm
修正前　　0.00 cm
修正後　　0.00 cm

2. つながり修正（位置合わせ）

手順は、1. つながり修正（長さ合わせ）と同様。接合線の長さ合せを行わず、線のつながりのみ修正される。

（1） ・位置合わせ

つながり修正
方法
◉ 位置合わせ
○ 長さ合わせ

（2）あがり線を順に指示

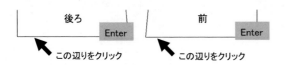

すべてのあがり線指示が終わったら、もう一度Enter
（必要な場合は接点からの距離を入力） ⇒ Enter

引き直しの分割数を入力

つながり修正
方法
◉ 位置合わせ
○ 長さ合わせ
1)距離　　0.00 cm
2)分割数　　4 等分　　実行

※ ノブ、ノードを動かし、つながりのよい裾線にする

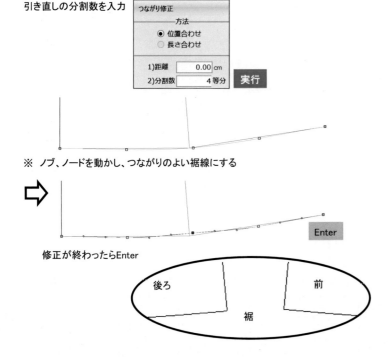

修正が終わったらEnter

後ろ　　前
裾

ダーツの１本化

ダーツが複数本あり、各ダーツが1.5cm未満の時は、1つに展開するとよい。まとめたダーツは、3.0cm未満が望ましいが、使用する生地によっても異なるため、適宜判断する。

（1）切り開き位置をかき、線をカットする

① 作成 ⇒ 線 ⇒ 直線

② 案内線を作成　　　　　③ 案内線を作成
　基点 ⇒ 基点　　　　　　中点 ⇒ 中点

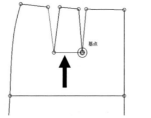　　　

④ 交点を作成

修正・カット ⇒ 線カット　交点

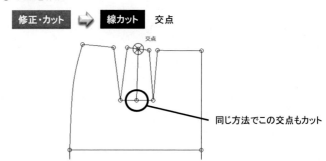

同じ方法でこの交点もカット

（2）図形を回転する

① 移動・展開 ⇒ 回転 ⇒ 点指示

回転
角度指定　　　　　　R
間口指定
点指示
ぶつかるまで回転
実行　　キャンセル

② （回転する）図形を選択
　　Shiftキーを押しながら複数線を選択

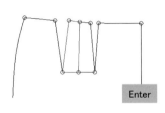

Enter

③ 回転中心位置をクリック

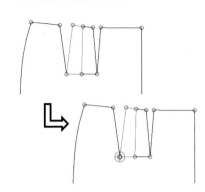

④ 基準位置をクリック

⑤ ぶつける位置をクリック

④

⑤

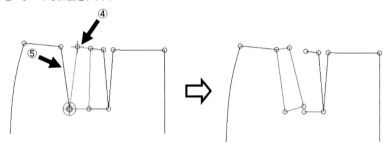

★中心側も同様の方法で回転

（3）必要な線を加える

作成 ➡ 線 ➡ 直線

基点 ⇒ 基点

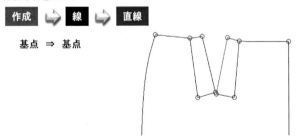

（4）不要な線を消し、ウエストラインを引き直す

① 修正・カット ➡ 消しゴム　② 修正・カット ➡ 引き直し ➡ 2線指示

・2点中点
・1本化

1本化したい線を
順にクリック

引き直し

2線指示	F
複数線指示	Shift+F
直線化	

方法
◉ 2線中点
○ 位置指示
○ 1線固定

修正前　0.00 cm
修正後　0.00 cm
☑ 1本化
☐ 修正
　☑ 線をドラッグ
☐ 直線を維持する
移動ピッチ　0.01 cm

実行　キャンセル

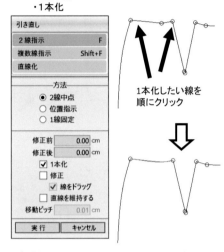

③ ウエストのつながりを修正する
　　（p.23「1. つながり修正（長さ合わせ）」参照）

（5）ダーツ先をつなげる

① 修正・カット ➡ 角延長・カット

② 1線目をクリック、2線目をクリック
　　（ダーツ先それぞれ指示）

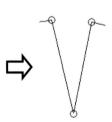

1/4身に対してダーツが1本になることで、スカート全体のダーツは計4本となる。

工業用パターンとは、量産の作業がスムーズに運ぶようにデザイナーパターンを調整したものであり、縫い代やノッチ等を入れたパターンである。その一工程に、わ裁ちする箇所を開く作業（ミラー反転）がある。

わ裁ちする箇所をミラー反転する

(1) 移動・展開 ⇨ ミラー

・選択したまま終了

ミラー
☐ ミラー軸にノッチ作成
☐ 地の目を対象
☑ 選択したまま終了

実 行   キャンセル

(2) （ミラー処理したい）図形を選択

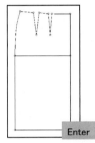

Enter

(3) 軸をクリック

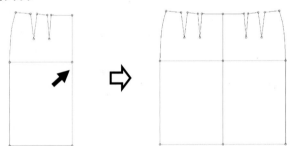

(4) 地の目線を入れる
　　（p.16「1. 地の目線」参照）

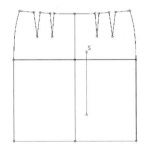

パターンマジックⅡでは、パターンメーキングの仕上げ工程としてパーツを作成（パーツ化）する。

仕上げ・チェック ⇨ パーツ化 ⇨ パーツ化

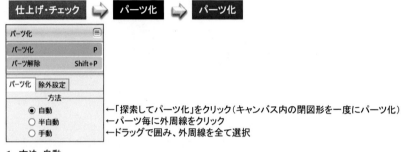

パーツ化
パーツ化   P
パーツ解除   Shift+P

パーツ化 除外設定
─ 方法 ─
◉ 自動   ←「探索してパーツ化」をクリック（キャンバス内の閉図形を一度にパーツ化）
○ 半自動   ←パーツ毎に外周線をクリック
○ 手動   ←ドラッグで囲み、外周線を全て選択

1. 方法：自動

[探索してパーツ化]ボタンをクリック、または図形を選択

パーツ化 除外設定
─ 方法 ─
◉ 自動
○ 半自動
○ 手動

探索してパーツ化

☐ 仕上線を優先
☐ 裁切線でパーツ化
☐ 裁切線も自動探索
☑ 外周線をカット線へ
☐ 内部線上にあるノッチを
　線に変更
近傍判定 0.50 ⬍ cm

パーツ色 ▨

既定値に戻す

実 行   キャンセル

※ピンクの線がパーツ化されるパターンの外周線となる。

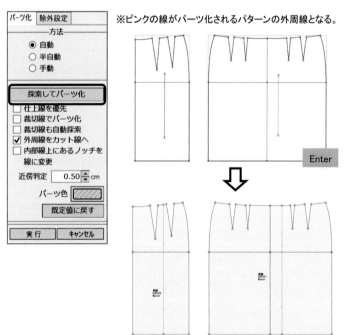

Enter

2. 方法：半自動

（1）仕上げ線をクリック

（2）内部図形を選択→Enter

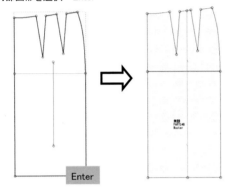

★前スカートも同様の方法
　でパーツ化

3. 方法：手動

（1）図形を選択→Enter　　（2）仕上げ線を順にクリック→Enter

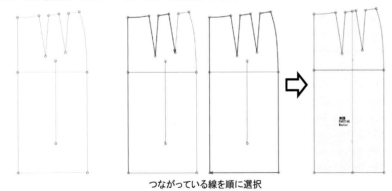

つながっている線を順に選択

一部の線がピンク色にならない場合には、線を選択する際に違う線を選択してみる
　⇒どの線を選択してもうまくいかない場合は、パターンメーキングの段階で線と線がうまく
　　つながっていないなど何らかのエラーが生じている可能性がある。

4. パーツ解除の方法

（1） 仕上げ・チェック　 パーツ化　→　パーツ解除

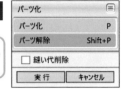

縫い代を削除してパーツ解除する場合は、チェックを入れる。
チェックを入れていても縫い代情報は削除されない。

（2）解除するパーツを選択→Enter

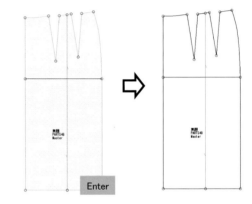

※（必要に応じて）再びパーツ化する

参考

パーツ化したパターンを修正する際には、操作によっては、パーツを解除してから修正をする
必要がある。
どの操作がパーツ状態に対応しているかはパラメーターパネルの色で判断することができる
（p.4「4. パラメーターパネルの色表示」参照）。

> パーツの情報として、パーツ名、生地区分、枚数などを設定する。

1．各パーツに情報を設定する

（1） 仕上げ・チェック ➡ パーツ情報

（2） 情報をつけるパーツを選択し、各パーツに情報を入力する

① パーツを選択

② 「パーツ名」に名称を入力
　※¹ 直接入力する方法の他に
　　「パーツ名ボタン」
　　「パーツ名リスト」
　　を利用して選択する方法がある。
　※² キーワードを入れて検索する
　　方法もある。

　　例：前+Enter

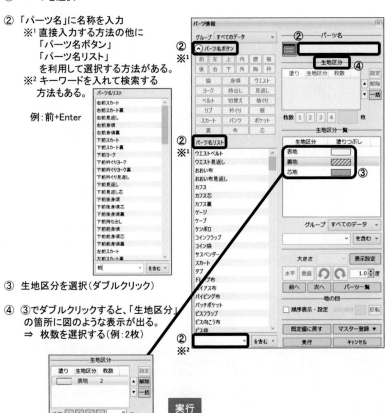

③ 生地区分を選択（ダブルクリック）

④ ③でダブルクリックすると、「生地区分」
　の箇所に図のような表示が出る。
　⇒ 枚数を選択する（例：2枚）

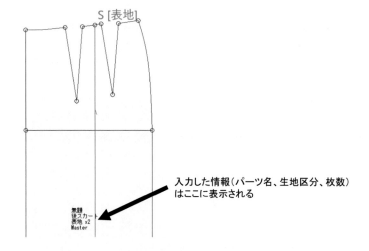

S [表地]

入力した情報（パーツ名、生地区分、枚数）
はここに表示される

無題
後スカート
表地 ×2
Master

2．デザイン情報の入力（上記の「無題」の箇所にスカートの名称を入れる方法）

（1） 仕上げ・チェック ➡ デザイン情報

（2） デザイン名の箇所に名称を入力する OK
　（例：タイトスカート）

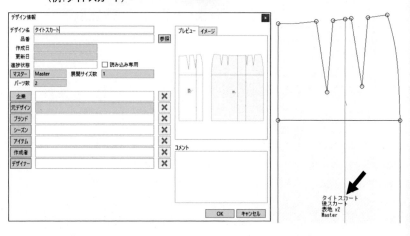

タイトスカート
後スカート
表地 ×2
Master

縫 い 代 の 設 定

1. パーツ化したパターンに縫い代を設定する

（1） **仕上げ・チェック** ➡ **縫い代**

（2） 縫い代設定するパターンを選択し、縫い代をつける

① パーツを選択
選択パーツの仕上線に既定の縫い代幅（代表縫い代幅）、
カット位置に延長形状がつく

> 既定の縫い代幅（代表縫い代幅）とは
> 縫い代情報設定時に、パーツ全体に作成される
> 縫い代幅のこと（既定の縫い代幅は変更できる）

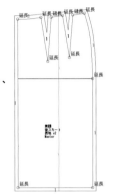

仕上がり線の縫い代幅を部位（線）ごとに変える方法

② 縫い代幅を選択
（例：6cm）

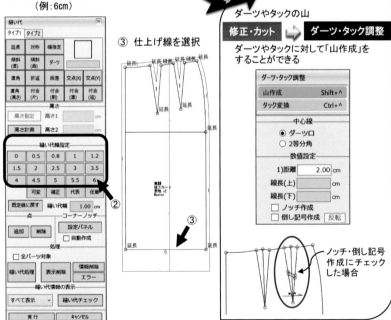

③ 仕上げ線を選択

参考

ダーツやタックの山

修正・カット ➡ **ダーツ・タック調整**

ダーツやタックに対して「山作成」を
することができる

ダーツ・タック調整	
山作成	Shift+^
タック変換	Ctrl+^

中心線
◉ ダーツ口
○ 2等分角
数値設定
1)距離 2.00 cm
線長（上） cm
線長（下） cm
□ ノッチ作成
□ 倒し記号作成　反転

ノッチ・倒し記号
作成にチェック
した場合

2. 縫い代タイプを変更する

（1） 処理（縫い代タイプ）を選択
例：ダーツ

（2） 仕上げ線を選択

倒し方向に対して、上になる側をクリックしてダーツ奥の山形
状を作成（上になるダーツ線に接続する線をクリック）

※「山作成」（p.35参照）をすると、山もパターンの一部となるため、延長処理なしで
延長処理をした状態に近い縫い代（形状）を設定することができる

参考

代表的な縫い代のタイプ

延長

仕上線に対して平行（延長）
の形状を作成する
衿先のように先が鋭角にな
る場合に用いる

直角

指示仕上線に直角形状を作成
縫い代角を直角にすると、裁
断・縫製共に精度が高く、効率
もよい
袖ぐり底点に用いることが多い

折返

指示仕上線を軸とした折り返
しの形状を作成
セミタイトスカートの裾やタイト
スリーブなど、傾斜のある裾
や袖口に用いることが多い

3. 点の追加・削除をする
縫い代幅やタイプを設定するには点が必要

（1）「点-追加」をクリック

（2）追加する位置をクリック

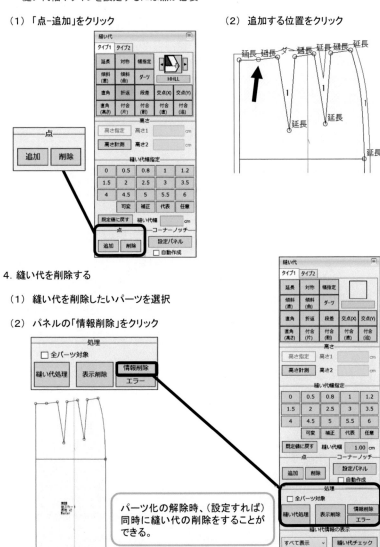

4. 縫い代を削除する

（1）縫い代を削除したいパーツを選択

（2）パネルの「情報削除」をクリック

パーツ化の解除時、（設定すれば）同時に縫い代の削除をすることができる。

スカート、パンツ、身頃等のパターンを作図した後に、作成したパターンに合わせたベルトを自動作図することができる。

1. 作成 ➡ ベルト

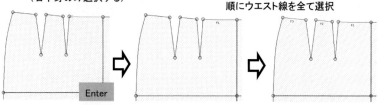

（1）前ウエスト線を中心側からクリック→Enter　指示終了時、再度Enter
（右半身のみ選択する）

順にウエスト線を全て選択

（2）後ろウエスト線を中心側からクリック→Enter
指示終了時、再度Enter

（3）作成位置をクリック

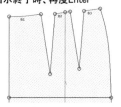

（4）数値を調節→Enter

ベルト幅、持ち出し幅、あき位置を選択

実行

※いせ量は必要に応じて入力

ベルト	
ベルト長	67.69 cm
1)ベルト幅	3.00 cm
2)持ち出し幅	3.00 cm

あき位置
- ○ 右前　○ 脇
- ○ 左前　◉ 後

☐ ダーツ位置ノッチ作成
☐ いせ量表示

1)F1のいせ	0.00 cm
2)F2のいせ	0.00 cm
3)F3のいせ	0.00 cm
4)B1のいせ	0.00 cm
5)B2のいせ	0.00 cm
6)B3のいせ	0.00 cm

実行　キャンセル

ベルト幅→
持ち出し幅→
あき位置→
いせ量→

３Ｄ バーチャルフィッティング

パーツ化したパターンをクレアコンポⅡのキャンバス上で3Dフィッティングすることができる
※縫い代、地の目線、パーツ情報等は設定無しでもフィッティング可

3Dの画面について

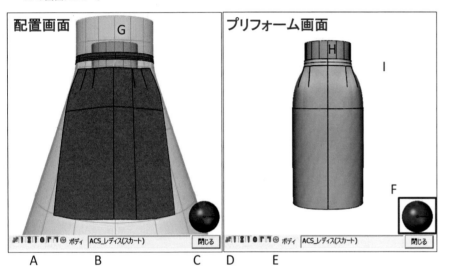

配置画面　G

プリフォーム画面　H
I
F

A　B　C　D　E

A: ボディの各部位の表示・非表示を切り替える
　　左から、「右腕」「体」「左腕」「頭」「右脚」「左脚」
B: 表示しているボディ名が表示される
C: 3D画面を閉じる
D: 全体表示‥‥‥‥ボディを全体表示
E: ボディの選択‥‥‥表示ボディを変更
F: ロケーター‥‥‥‥3D画面の視点位置を変更
G: 配置エリア‥‥‥‥「配置」機能で使用する2Dパターンを乗せるための領域
H: 表示ボディ‥‥‥‥3Dの各機能で使用するボディ
Ⅰ: 背景‥‥‥‥‥‥‥3D画面の背景

---

1. パターン（パーツ）に必要な縫合情報を設定する

（1） ➡ 設定

（2）縫合線を設定する

① 処理タイプ→ダーツ（ダーツ有のデザインの場合のみ）

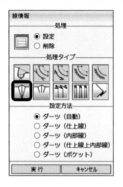

パーツを選択→Enter

※ダーツが片方のみ処理された場合は、同じ操作を繰り返す

② 処理タイプ→縫合

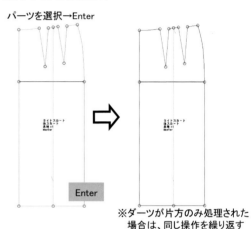

縫合する線を選択→Enter　相手側の縫合する線※を選択→Enter

※「相手側の縫合する線」とは
1本目で選択した線に対応
する縫合線を指す

★全ての縫合線を同様の方法で設定

クリック位置から矢印が表示され、縫い合わせの向きが決まる。縫い合わせる線同士の向きは揃えること。

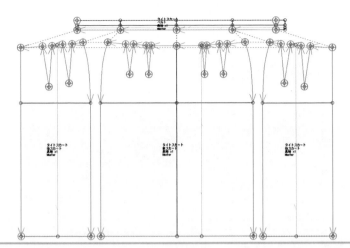

ここでは、両身を用いて解説しているが、左右対称のデザインの場合、半身のパターンで3D
フィッティング可能（ミラープレビューにより、左右の着装シミュレーションができる（p.46参照））
※左スカートはコピーしたものを反転処理して用いている（「移動・展開」→「反転」）

2. パーツをボディ上に配置する

（1）　**3D** ➡ **配置**

（2）　ボディを選択し、パターンを配置する

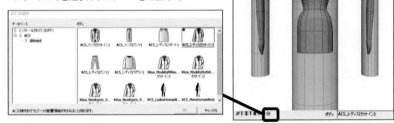

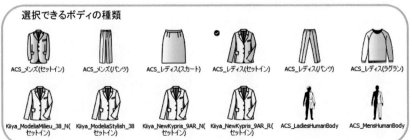

選択できるボディの種類

① ACS_レディス（スカート）を選択

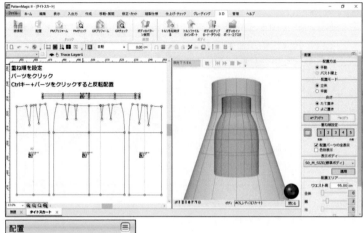

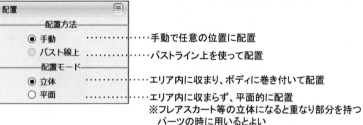

※ここでは、「手動」配置、「立体」配置モードで解説

② （2D上の）パーツをクリック　　　③ 選択したパーツを3D画面に配置

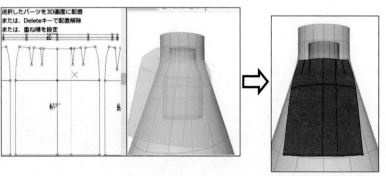

マウスポインターを3D画面上に移動し、ボディ上の配置位置をクリック

重なり順設定

各パーツ同士に重なり部分を持つ場合には、パーツの重なりを設定する。
番号ボタンを選択した状態で配置する。数字の大きい方が上に重なる。
配置パーツ一覧ボタンをクリックし、配置順を確認できる。

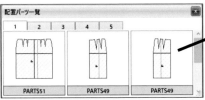
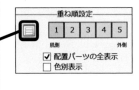

④ ロケーターで背面を表示

右クリックで固定位置に回転

ドラッグして任意の角度に回転

⑤ 残りのパーツを配置

※ 真後ろ、真横等に向けたい場合には左記のロケーターを右クリックする方法が適するが、任意の角度に向ける場合にはドラッグして回転するとよい

※ 配置する場所が正しくない場合（例：前スカートを背面に配置する等）には、（きれいに）着装できなかったり、着装に時間を要することもあるため、できるだけ正確な位置に配置するようにする。このことは、実際に人が服を着用するときと同様である。

3. 3D画面上でパターンを確認する

3D ⇒ PMプリフォーム

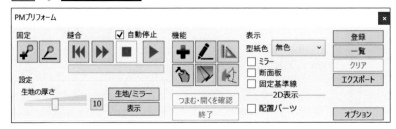

（1）生地の厚さ

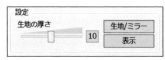

生地の厚さを20段階で調整できる。
【生地/ミラー】
　パーツ単位での生地の厚み、ミラー時の表示状態を設定
【表示】
　パーツ色や図形表示、ゆとり表示の設定

汎用されているシーチングは10程度（場合によっては10未満）
張りのあるシーチングは10より上の値
→特別な指定がない場合には、中間の値で縫合処理を行い、フィッティングの形状を見て、厚さを変更するとよい

（2）固定（処理）

型紙上の線、または点をボディに固定
　点固定・・・デジタル・トワル上の点を固定する基準点を設定
　線固定・・・デジタル・トワル上のパーツ線を固定する基準線を設定

点固定は必ずしもしなくてよいが、BNP等のボディにポイントに固定したいときに使用する。各種ポイントからの移動距離指定もできる。

例：BNP
－15mm

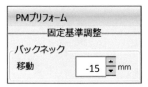

線固定

(2D)固定する線を選択

(3D)固定基準線を選択(軸固定)

2Dでの選択線に対応
する線を選択
(例:中心線)

線固定設定

○ 軸固定

○ 線固定

[OK] [キャンセル]

※後中心線、ベルトの中心線、ベルトの下部等、固定したい箇所を同様の方法で固定
（固定のポイントはp.52-54参照）

軸固定と線固定の違い

軸固定・・・ボディの垂直(または水平)断面板上で固定
（軸に沿う，多くの場合こちらを使用）
線固定・・・ボディの構造線上で固定
（ボディに沿う，フィットさせたい時に使用）

軸固定

線固定

（3） 縫合（処理）

A B C D

【自動停止】・・・・・・・・・処理が終了したタイミングで縫合処理を終了
・チェックを外すと縫合処理が続く
・処理を終了する場合は「停止」をクリック

A【戻す】・・・・・・・・・・・・縫合処理をかける前の状態に戻す
B【縫合処理】・・・・・・・・・重力をかけて縫合する
　　　　　　　　　　　　　　　※生地がよりボディにフィットした状態で処理をかけることができる
C【停止】・・・・・・・・・・・・実行中の縫合処理を停止する
D【縫合処理(無重力)】・・生地の回復力のみで、形状を再現する
　　　　　　　　　　　　　　　※パターンの位置、寸法を確認するのに適している

Bをクリックして、縫合処理を開始

PMプリフォーム

縫合処理を終了しました。

[OK]

自動停止を選択していれば、ソフトの判断でフィッティングが終了

自動停止を選択していない場合は、フィッティング形状を
見て、途中で止める(Cをクリック)
※自動停止を選択していても、途中で止めることも可

＊ミラープレビュー＊

半身のパターンを用いた
場合には、「ミラー」に
チェック入れると反対側
のパターンも表示される

参考

縫合処理中に、ボディにひっかかっている箇所等を引っ張って着せ付けをアシストすることができる

半身のパターンを用いた場合には、元あったほうのパターン（右側）のみを引っ張ることができ、左側
は引っ張ることができない（ミラー表示のため、結果的には連動して引っ張られている状態）

（4）機能（引っ張り）

① B（縫合処理）を押して縫合開始、丁度よい形状になれば、
　C（停止）を押してとめる

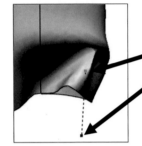

クリック1
引っ張りたい箇所

クリック2
引っ張りたい方向

② 設定した「引っ張り」のポイントを削除
　　※ きれいにフィッティングできるまで繰り返す

ポイントの位置を動かす際は「修正」を選択し、移動する。新たな箇所を引っ張る場合には「作成」で新しくポイントを作る。

（5）機能（つまむ・開く）

① （3D）1点目をクリック　② （3D）2点目をクリック

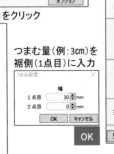
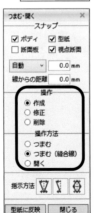

つまむ量（例：3cm）を
裾側（1点目）に入力

③ つまんだ状態を確認　　④ つまんだ箇所を2Dに反映

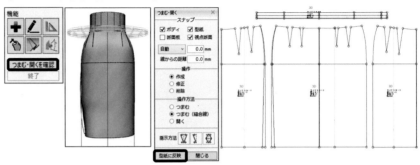

※3Dでの変更を2Dに線の追加として反映できる。パターンを修正する場合は、追加された線を頼りにして、2D上で線の移動等を行い、修正パターンを作成する。

※「つまむ」「開く」も操作やパターン修正の考え方は上記（つまむ（縫合線）と同様

参考

内部線の表示

各パーツに2Dで入力した地の目線やギャザー線等が3D上でも入るが、必要に応じて非表示にすることができる

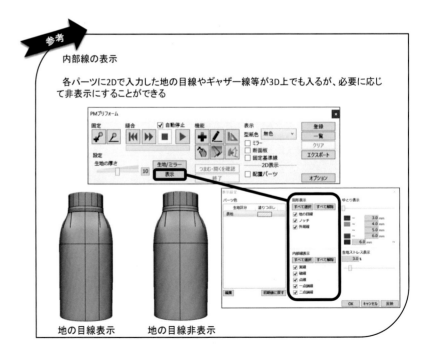

地の目線表示　　　　地の目線非表示

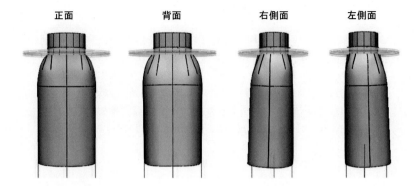

正面　　　　　　背面　　　　　　右側面　　　　　　左側面

4. 縫合結果を登録する

登録名を入力→Enter

縫合結果登録 ×

登録名　タイトスカート
デザイン名　タイトスカート
サイズ　Master
マスターサイズ　Master
登録日　2022/12/20 12:47

OK　　キャンセル

登録すると、フィッティング状態が保存され、次回、縫合処理をせずに（保存済の）縫合結果を読み込むことができる。

【登録】‥‥‥‥‥‥‥縫合処理の結果を登録
【一覧】‥‥‥‥‥‥‥登録した縫合結果の読込みや削除
【クリア】‥‥‥‥‥‥表示させた縫合結果を削除
【互換形式で保存】‥‥‥縫合結果をobjデータにして保存
　　　　　　　　　　　　※objデータは他のアプリケーションで開くことができる

5. 縫合結果に柄をつける

（1）表示（設定）

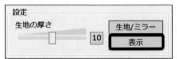

設定
生地の厚さ　　　10　　生地/ミラー
　　　　　　　　　　　　　表示

（2）パーツ色「表地」をクリック→編集

（3）塗りつぶし（テクスチャ）を選択→「追加」

（4）JPEG形式（又はPNG等の画像）のファイルを選択→「開く」

（5）（4）で作成したファイルをクリック→Enter

（6）OK

（7）型紙色を「塗りつぶし」に変更

「塗りつぶし」の他、「ゆとり」「生地ストレス」等の表示がある。

パターンとボディの距離イメージが示され、赤はボディに近い距離、青は離れていることを表す。

しわが寄りやすい部分を表示し、濃い線がよりしわのよりやすい部分を表す。

スクリーンショット

3D画面上で右クリックすると、
「スクリーンショット」の機能が選択できる

スクリーンショット（単）

画面に見えているそのままの向きでのショット

スクリーンショット（複）

スクリーンショット（単），正面，背面の3ショットが同時に撮影できる

> Microsoft® Office等の他ソフトにペーストすることができる。

きれいに着装するための各種メニューの使い方

　バーチャルフィッティングは、実際の縫製とは異なり、縫い代や縫う順序、ファスナー等のあきの概念はなく、縫い代なしでパターンの輪郭同士が接合して設計されていくイメージである。どの線とどの線を縫合するかについては、実際の縫製と同じ考え方になり、基本的には、縫製する箇所に対して「線情報」を設定することになる。しかしながら、きれいに着装させるためには、3Dバーチャルフィッティングの特性を知っておくと便利である。

　以下にアイテム別に、設定するとよいメニュー（箇所）について紹介する。

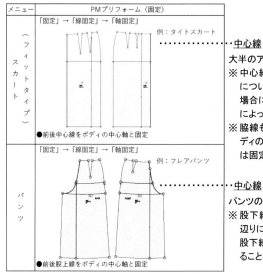

メニュー	PMプリフォーム（固定）	
（フィットタイプ）スカート	「固定」→「線固定」→「軸固定」　例：タイトスカート　●前後中心線をボディの中心軸と固定	**中心線** 大半のアイテムで固定するとよい線 ※ 中心線の裾に開きを持つフレアスカート等については、固定しない方が布で製作した場合に近いフォルムとなるため、デザインによって、考慮するとよい ※ 脇線も同様に固定できるが、パターンとボディの脇線の位置が合致していない場合には固定しない方がベター
パンツ	「固定」→「線固定」→「軸固定」　例：フレアパンツ　●前後股上線をボディの中心軸と固定	**中心線** パンツの場合には股上線のみを固定 ※ 股下線は2D上のパターンでは中心線の辺りに位置するが、縫い合わせる相手は股下線同士（前と後ろの股下を縫合）であることに注意

　3Dバーチャルフィッティングの本来の目的は、平面で描いたパターンが立体となった際のフォルムを確認することであり、CAD上で「きれい」に着装するということが目的ではない。そのため、「きれい」な着装に対して、極端に拘ることは必要ないと言え、一概に着装の完成度は高くなくてもよい。

　一方で、フォルムの確認目的ではなく、着装状態のイラストを用いたい等の目的で、「きれい」の完成度を上げる場合には、実際の縫製としては破綻しているパターンを敢えて作成する等の工夫も考えられる。

　例：ベルト…持ち出し無しのパターンとする等

持ち出し有り　　持ち出し無し

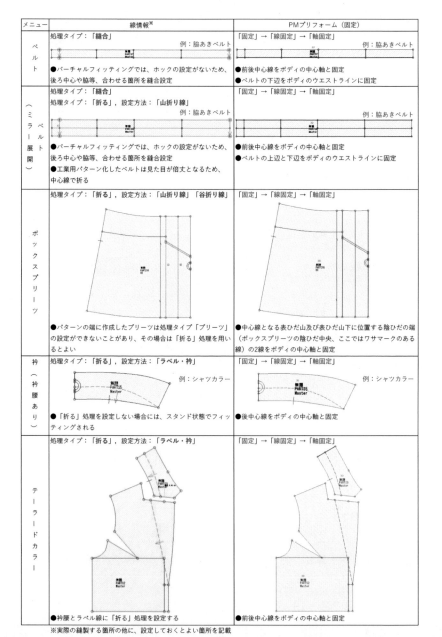

メニュー	線情報※	PMプリフォーム（固定）
ベルト	処理タイプ：「縫合」 例：脇あきベルト ●バーチャルフィッティングでは、ホックの設定がないため、後ろ中心や脇等、合わせる箇所を縫合設定	「固定」→「線固定」→「軸固定」 例：脇あきベルト ●前後中心線をボディの中心軸と固定 ●ベルトの下辺をボディのウエストラインに固定
ベルト（ミラー展開）	処理タイプ：「縫合」 処理タイプ：「折る」，設定方法：「山折り線」 例：脇あきベルト ●バーチャルフィッティングでは、ホックの設定がないため、後ろ中心や脇等、合わせる箇所を縫合設定 ●工業用パターン化したベルトは見た目が倍丈となるため、中心線で折る	「固定」→「線固定」→「軸固定」 例：脇あきベルト ●前後中心線をボディの中心軸と固定 ●ベルトの上辺と下辺をボディのウエストラインに固定
ボックスプリーツ	処理タイプ：「折る」，設定方法：「山折り線」「谷折り線」 ●パターンの端に作成したプリーツは処理タイプ「プリーツ」の設定ができないことがあり、その場合は「折る」処理を用いるとよい	「固定」→「線固定」→「軸固定」 ●中心線となる表ひだ山及び表ひだ山下に位置する陰ひだの端（ボックスプリーツの陰ひだ中央、ここではワサマークのある線）の2線をボディの中心軸と固定
衿（衿腰あり）	処理タイプ：「折る」，設定方法：「ラベル・衿」 例：シャツカラー ●「折る」処理を設定しない場合には、スタンド状態でフィッティングされる	「固定」→「線固定」→「軸固定」 例：シャツカラー ●後中心線をボディの中心軸と固定
テーラードカラー	処理タイプ：「折る」，設定方法：「ラベル・衿」 ●衿腰とラベル線に「折る」処理を設定する	「固定」→「線固定」→「軸固定」 ●前後中心線をボディの中心軸と固定

※実際の縫製する箇所の他に、設定しておくとよい箇所を記載

メニュー	線情報	PMプリフォーム（縫合）
ギャザースカート	処理タイプ：「ギャザー」 ●ベルトとスカートのウエストを縫合設定した後に、（同じ箇所を）ギャザー設定する。この設定なしでも自然にギャザーは寄るが、設定しておくとよりきれいなギャザーが表現される	「縫合」→「縫合処理（無重力）」→「縫合処理」 生地の厚さ：5 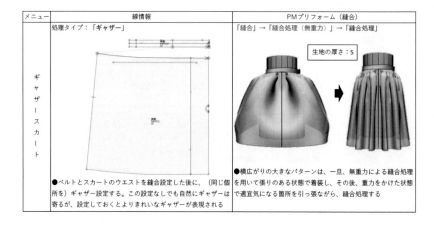 ●横広がりの大きなパターンは、一旦、無重力による縫合処理を用いて張りのある状態で着装し、その後、重力をかけた状態で適宜気になる箇所を引っ張りながら、縫合処理する

メニュー	PMプリフォーム（固定）	PMプリフォーム（縫合）
フード	「固定」→「線固定」→「軸固定」 ●外回り線をボディの中心軸と固定	「縫合」→「縫合処理（無重力）」→「縫合処理」 生地の厚さ：10 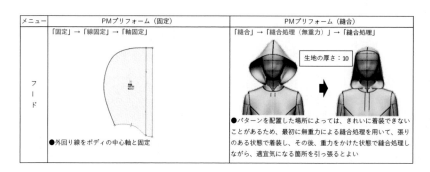 ●パターンを配置した場所によっては、きれいに着装できないことがあるため、最初に無重力による縫合処理を用いて、張りのある状態で着装し、その後、重力をかけた状態で縫合処理しながら、適宜気になる箇所を引っ張るとよい

メニュー	線情報	線情報
プリーツ	処理タイプ：「プリーツ」，設定方法：「サイド（自動）」 処理タイプ：「折る」，設定方法：「山折り線」「谷折り線」 ●処理タイプ「プリーツ」で認識できないプリーツは処理タイプ「折る」で設定するとよい	処理タイプ：「縫合」 拡大 ●陰ひだはひだ山を境に逆方向に倒れるため、縫合設定の際には、方向に注意が必要

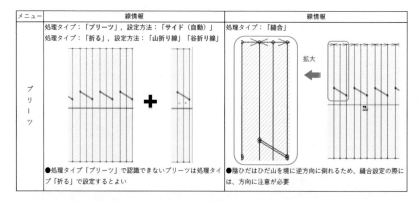

スカート原型からの展開

1. サイズ変更

グレーディングのようなサイズの拡大・縮小とは異なり、ウエスト・ヒップ・丈等の一部のサイズを簡単に変更することができる。このサイズ変更方法は仮縫い後のサイズ補正に用いる方法である。また、標準寸法のパターンを着用者のサイズに変更する際にも便利である。

 コピーモードを使うと線を移動した後も原型が残るため、動いた形状が確認しやすい。

（1） 作成 ➡ 原型 ➡ スカート　標準サイズ

（2） ウエスト・ヒップを同時に全体で3cm大きく（或いは小さく）する

移動・展開 ➡ 移動

① 移動する線を選択
　※磁石モードをONにしておく

② 移動量（右0.75cm）を入力　実行

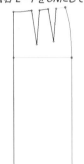
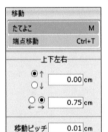

（3） ダーツの位置を移動する

ウエスト・ヒップの移動量が大きい場合には、ダーツ位置を移動するとよい。

① 移動するダーツ（脇寄り）を選択
　※磁石モードをONにしておく

② 移動量（右0.5cm）を入力　実行

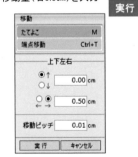

注：隣接する線も連動するため
　　選択線をよく確認すること

---

③ 移動するダーツ（中心寄り）を選択
　※磁石モードをONにしておく

④ 移動量（右0.25cm）を入力　実行

（4） スカート丈を変更する
　　　例：10cm短くする

① 裾線を選択
　※磁石モードをONにしておく

② 移動量（上10cm）を入力　実行

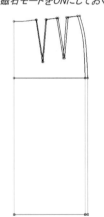
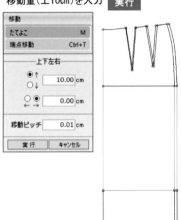

★前側も同様の方法で展開

※操作終了後、磁石モードをOFFにする

ヒップラインの高さ（腰丈）やダーツ量、ダーツの深さについても同様の方法で変更可能。

2. スリムスカートへの展開

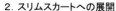

【Back】　【Front】

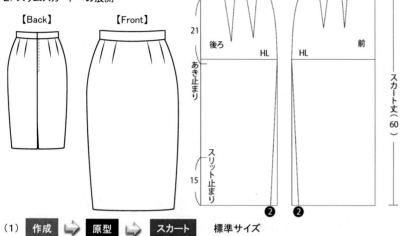

21　後ろ　HL　HL　前

あき止まり

スリット止まり　15

スカート丈（60）

②　②

標準サイズ

（1）　作成 ➡ 原型 ➡ スカート

（2）　脇線をかく

①　作成 ➡ 線 ➡ 直線

基点 ⇒ 基点 2cm

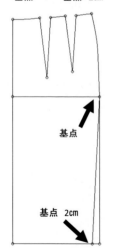

基点

基点　2cm

② 裾線を①で作成した線の交点でカットする

修正・カット ➡ 線カット

カットしたい交点をクリック

交点

> 交点をカットすることで1本線であった線が、交点を境に2本線になる。

（3）　不要な線を消す

①　修正・カット ➡ 消しゴム

②　削除する図形を選択

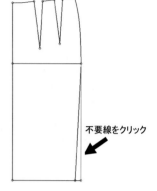

> 線を1本ずつ消す時は、消したい線をクリックする。図形全体或いは複数線を同時に消す時は、ドラッグして囲むと一度に消すことができる。

不要線をクリック

（4）　ダーツのつながりを修正する（詳細はp.23-24参照）

①　修正・カット ➡ つながり修正

②　ウエストラインを基準になる方側から順に選択

③　ノブを表示させ、修正点をクリック

（5）　脇線をつなげる

①　修正・カット ➡ 引き直し ➡ 2線指示

・2線中点
・1本化

引き直し
2線指示　F
複数線指示　Shift+F
直線化

方法
◉ 2線中点
○ 位置指示
○ 1線固定

修正前　0.00 cm
修正後　0.00 cm
☑ 1本化
□ 修正
☑ 線をドラッグ
□ 直線を維持する
移動ピッチ　0.01 cm

実行　キャンセル

② 1本目、2本目の線の引き直し点をそれぞれクリック

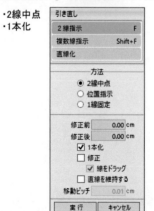

Enter

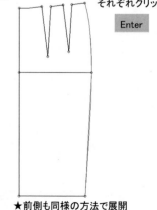

★前側も同様の方法で展開

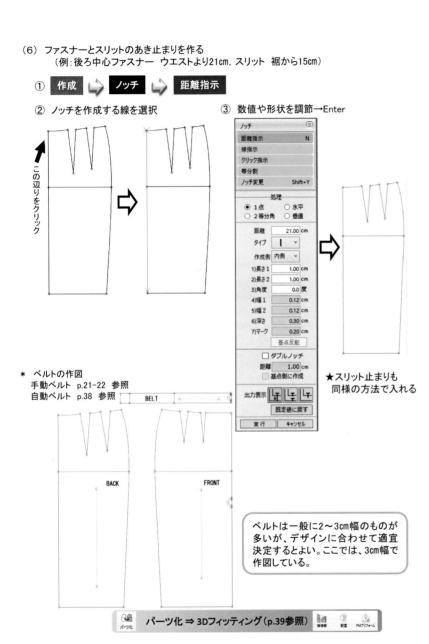

（6）ファスナーとスリットのあき止まりを作る
（例：後ろ中心ファスナー　ウエストより21cm, スリット　裾から15cm）

① 作成 ⇨ ノッチ ⇨ 距離指示

② ノッチを作成する線を選択　　③ 数値や形状を調節→Enter

この辺りをクリック

ノッチ

距離指示	N
線指示	
クリック指示	
等分割	
ノッチ変更	Shift+Y

処理
- ○ 1点　○ 水平
- ○ 2等分角　○ 垂直

距離	21.00 cm
タイプ	I
作成側	内側
1)長さ1	1.00 cm
2)長さ2	1.00 cm
3)角度	0.0 度
4)幅1	0.12 cm
5)幅2	0.12 cm
6)深さ	0.30 cm
7)マーク	0.20 cm

基点反転

□ ダブルノッチ
距離　1.00 cm
□ 基点側に作成

出力表示

既定値に戻す

実行　キャンセル

★スリット止まりも同様の方法で入れる

* ベルトの作図
手動ベルト　p.21-22 参照
自動ベルト　p.38 参照

BELT

BACK　　　FRONT

ベルトは一般に2〜3cm幅のものが多いが、デザインに合わせて適宜決定するとよい。ここでは、3cm幅で作図している。

パーツ化 ⇒ 3Dフィッティング（p.39参照）

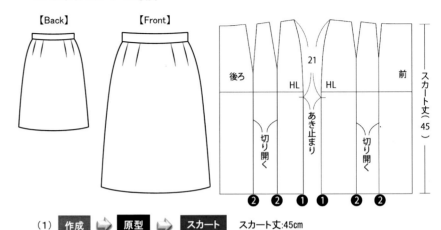

3. セミタイトスカートへの展開

【Back】　【Front】

後ろ　　HL　　HL　　前

21

あき止まり

切り開く　　　　　　切り開く

② ② ① ① ② ②

スカート丈（45）

（1） 作成 ⇨ 原型 ⇨ スカート　　スカート丈：45cm

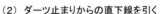

（2） ダーツ止まりからの直下線を引く

作成 ⇨ 線 ⇨ 直線

基点 ⇒ Ctrl ⇒ 線上点

（3） （2）で引いた線で切り開き、裾幅を広げる

① 移動・展開 ⇨ 切り開き（間口指定） ⇨ 線指示

② 図形を選択　　③ 切り開き線の始点側（回転中心側）をクリック

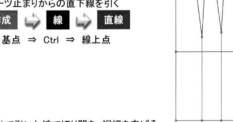

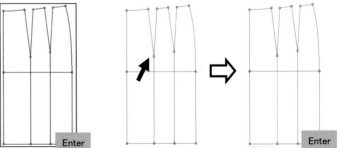

Enter　　　　　Enter

④ 回転中心をクリック　⑤ 間口幅を入力　⑥ 固定位置をクリック

（例：2cm）　**実行**

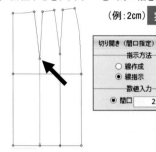
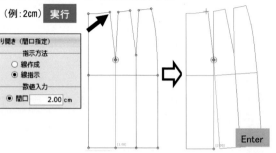

★脇側も同様の方法で展開

（4）脇線を切り開き、裾幅を広げる

① 図形を選択　② 切り開き線の始点側（回転中心側）をクリック

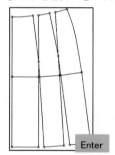
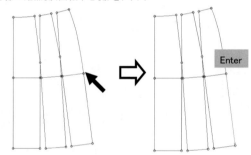

③ 回転中心をクリック　④（間口幅を入力して）固定位置をクリック

間口幅（例：1cm）を入力

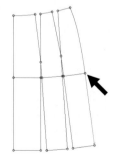
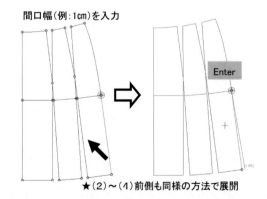

★（2）～（4）前側も同様の方法で展開

（5）不要な線を消し、ラインを引き直す

① **修正・カット** ⇨ **消しゴム**

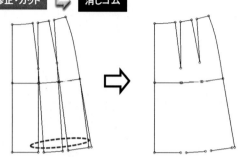

② ヒップライン、裾線を引き直す

修正・カット ⇨ **引き直し** ⇨ **2線指示**

・2線中点
・1本化

③ 1本目、2本目をそれぞれクリック

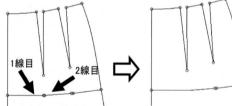
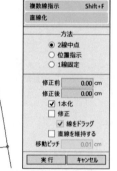

1線目　2線目

★その他の線も同様の方法で引き直す

④ 裾線を脇線まで延長する

修正・カット ⇨ **角延長・カット**

1本目（脇）、2本目（裾）の線をそれぞれ指示

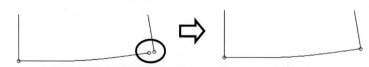

2本の線の延長上に交点が作成されるため、どちらを1本目に選択しても結果は同じ形状になる。

（6） 脇線をつなげる

① 修正・カット ⇒ 引き直し ⇒ 2線指示　② 1本目、2本目の線の引き直し点を
　　　　　　　　　　　　　　　　　　　　　　　それぞれクリック

・2線中点
・1本化

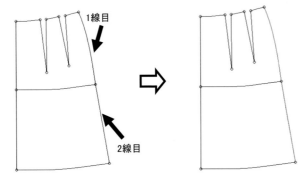

1線目

2線目

＊　地の目線　　　　　p.16参照　　　＊　つながり修正（ダーツ）　p.23-24参照
＊　わさマーク　　　　p.16参照　　　＊　つながり修正（裾）　　　p.25参照
＊　ベルトの作図　　　　　　　　　　＊　ノッチ　　　　　　　　　p.18,59参照
　　手動ベルト　　　p.21-22参照
　　自動ベルト　　　p.38参照

> ベルトは一般に2〜3cm幅のものが多いが、デザインに合わせて
> 適宜決定するとよい。ここでは、3cm幅で作図している。

※ ベルトは前後を開いた状態

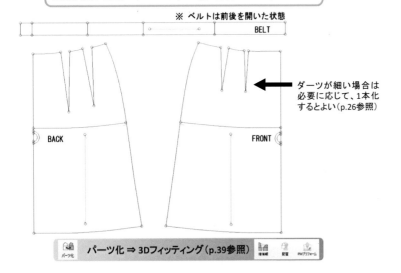

BELT

BACK　　　　　　　　　　FRONT

← ダーツが細い場合は
　必要に応じて、1本化
　するとよい(p.26参照)

パーツ化 ⇒ 3Dフィッティング(p.39参照)

参考

セミタイトスカートの展開は脇線の裾のみを広げる簡単な展開方法もある。

（1） 脇で裾幅を広げる

① 移動・展開 ⇒ 移動

※磁石モードをONにしておく

② 移動したいポイントをクリック　③ 移動量（例：右2cm）を入力

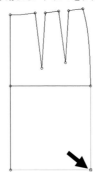

移動	
たてよこ	M
端点移動	Ctrl+T

上下左右

○ ↑
○ ↓
○　　　　2.00 cm
← →

移動ピッチ　　0.01 cm

実行　　キャンセル

実行

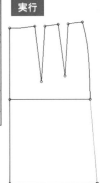

（2） 脇線を引き直す

① 修正・カット ⇒ 引き直し ⇒ 2線指示

・位置指示
・1本化
・修正

② 1本目、2本目をそれぞれクリック　③ ノブ・ノードを調節

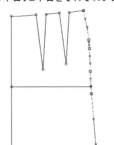

ノードをドラッグ又はキーボード
の矢印キーで移動する。

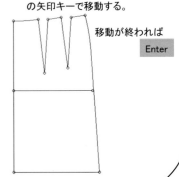

移動が終われば

Enter

★前スカートも同様の方法で展開

セミタイトスカートと同じ展開方法でフレアスリーブが展開できる

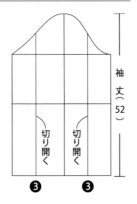

袖丈（52）

❸　❸

（1）　作成 ➡ 原型 ➡ 身頃-1

袖原型のみを自動作図することはできないため、「身頃-1」で作図し、袖のみを使用する。

（2）　以降、「セミタイトスカートへの展開（3）～（6）」と同様の方法で展開

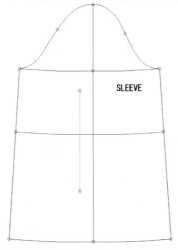

SLEEVE

4. マーメイドスカートへの展開

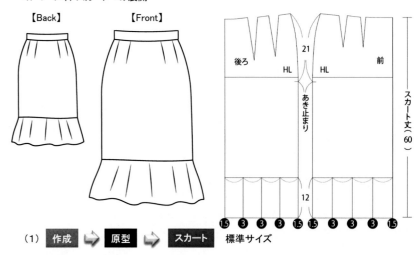

【Back】　　【Front】

後ろ　　　HL　　HL　　前

21

あき止まり

12

スカート丈（60）

1.5 3 3 3 1.5 1.5 3 3 3 1.5

（1）　作成 ➡ 原型 ➡ スカート　　標準サイズ

（2）　切り替え線を引く

作成 ➡ 線 ➡ 直線

基点　12cm ➡ Ctrl ➡ 線上点

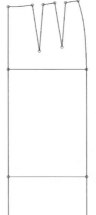

（3）　切り替え線でカットする

①　修正・カット ➡ 取り出し

処理：カット

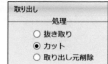

取り出し

処理
○ 抜き取り
◉ カット
○ 取り出し元削除

②　図形を選択

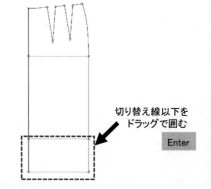

切り替え線以下を
ドラッグで囲む

Enter

③ 取り出し線を選択

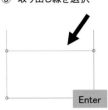

Enter

④ 取り出す側をクリック
　切り離したパーツがついてくるので置きたい
　位置でクリック

この辺りをクリック

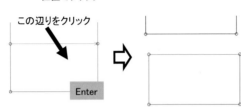

Enter

Enter

（4）切り開く
　※上部（切り替え線位置）を基点とし、裾を切り開く

① 移動・展開 ➡ 展開（間口）

展開（間口）機能を使うと、等分割・等分量を一気に切り開くことができる。

② 図形を選択→Enter

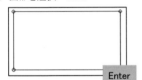

Enter

③ 基準線を選択→Enter

④ 間口線を選択→Enter

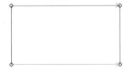

⑤ 始点側基準線を選択→Enter

⑥ 終点側基準線を選択→Enter

⑦ 回転基準線を選択→Enter（そのままEnter）

⑧ 削除する図形を選択→Enter
　　　　　　　　　（そのままEnter）

⑨ 分割数を入力→Enter

展開（間口）	
数値設定	
分割数	4.0 等分
● 間隔	3.00 cm

⑩ 固定位置をクリック

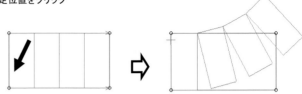

⑪ 移動・展開 ➡ 切り開き（間口指定）➡ 線指示

⑫ 図形を選択

⑬ 切り開きの始点側（回転中心点側）をクリック

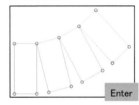

Enter

Enter

⑭ 回転中心をクリック

⑮ （間口幅を入力して）固定位置をクリック

間口幅（例：1.5cm）

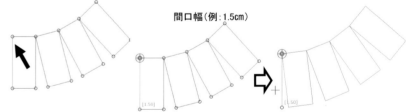

[1:50]

[1:50]

★ 脇側も同様の方法で切り開く

（5）裾線のラインを修正する

① 裾線をつなげる

作成 ➡ 線 ➡ 曲線

基点 ⇒ 基点

★ 繰り返して、裾線を全てつなげる

② 裾線を引き直す

修正・カット ⇨ 引き直し ⇨ 2線指示

・2線中点
・1本化

1線目をクリック　　2線目をクリック　　★繰り返して
裾線を1本化する

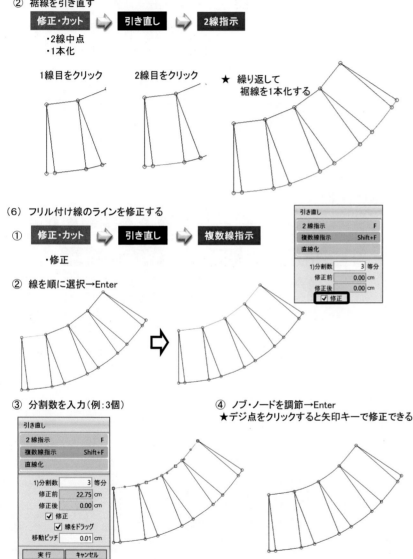

（6）フリル付け線のラインを修正する

① 修正・カット ⇨ 引き直し ⇨ 複数線指示

・修正

② 線を順に選択→Enter

引き直し
2線指示	F
複数線指示	Shift+F
直線化	

1)分割数　　　3 等分
修正前　　0.00 cm
修正後　　0.00 cm
☑ 修正

③ 分割数を入力（例：3個）

引き直し
2線指示	F
複数線指示	Shift+F
直線化	

1)分割数　　　3 等分
修正前　22.75 cm
修正後　　0.00 cm
☑ 修正
☑ 線をドラッグ
移動ピッチ　0.01 cm

実行　　キャンセル

④ ノブ・ノードを調節→Enter
★デジ点をクリックすると矢印キーで修正できる

（7）不要な線を消す

① 修正・カット ⇨ 消しゴム

② 削除する図形を選択

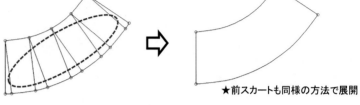

★前スカートも同様の方法で展開

* 地の目線　　　　　　p.16参照　　　* ベルトの作図
* わさマーク　　　　　p.16参照　　　　　手動ベルト　　p.21-22参照
* つながり修正（ダーツ）p.23-24参照　　　自動ベルト　　p.38参照
* ノッチ　　　　　　　p.18,59参照

※ ベルトは前後を開いた状態

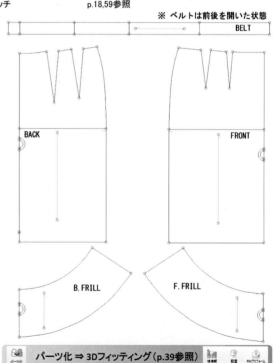

BELT

BACK　　FRONT

B. FRILL　　F. FRILL

パーツ化 ⇒ 3Dフィッティング（p.39参照）

軸並べ
　回転する際に、展開する側を誤った際等に用いるとよい

 移動・展開　➡　傾き修正　・線指示

傾き修正	
線指示	Shift+H
2点指示	

方法
○ X軸
○ Y軸
● 自動

□ 選択したまま終了

実行　　キャンセル

① 図形を選択→Enter

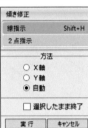

Enter

② 基準線を選択→Enter

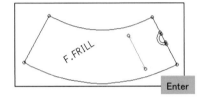

※①の時点で地の目線が中心線に対して平行でない場合には、傾き修正終了後に
　新しく地の目線をひくとよい

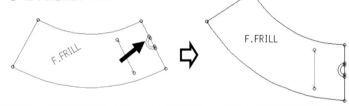

マーメイドスカートと同じ展開方法でペプラム付ブラウスが展開できる

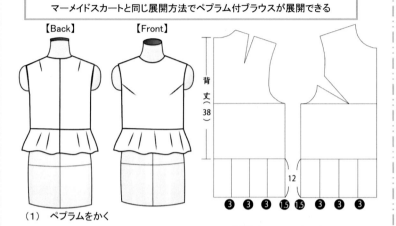

【Back】　　【Front】

背丈（38）

12

❸　❸　❸　1.5　1.5　❸　❸　❸

（1）　ペプラムをかく

① 仕上げ・チェック　➡　計測

身頃の裾幅を計測

 線長 24.45 cm

② 作成　➡　四角形

四角形	
四角形	Shift+O
外枠作成	

 1)たて　12.00 cm
 2)よこ　　　　cm

①で計測した
寸法を入力

実行

実行　　キャンセル

（2）「マーメイドスカートへの展開（5）～（8）」と同様の方法で展開

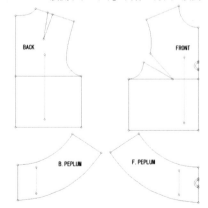

BACK　　FRONT

B. PEPLUM　　F. PEPLUM

フリルカラー

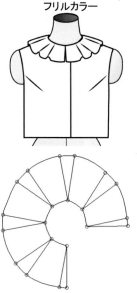

カスケードカラー

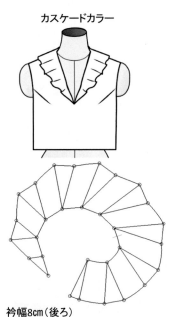

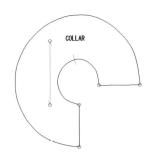

衿幅8cm
6等分
間に3cmのフレア分量(中心は各1.5cm)

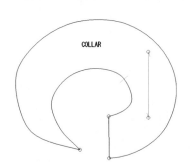

衿幅8cm(後ろ)
10等分
間に4cmのフレア分量
(後ろ中心2cm,
　前中心及び前中心寄りの1線目0cm)

---

5. ヨーク切り替えのヒップボーンスカートへの展開

【Back】　　　【Front】

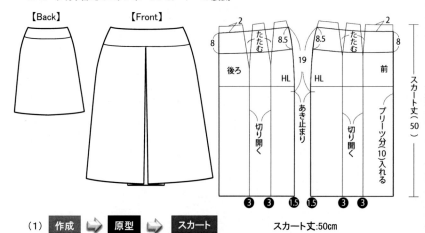

(1) 作成 ➡ 原型 ➡ スカート　　　スカート丈:50cm

(2) セミタイトスカートに展開する(p.60「3. セミタイトスカートへの展開(2)〜(6)」参照)

(3) ローウエストラインを作成する

① 作成 ➡ 平行線

② 図形(ウエストライン)を選択
　 Shiftキーを押しながら複数線(3本)選択

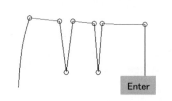

③ 幅・本数・線種を設定
　 幅:ローウエストにする(2cm)
　 本数:1本
　 線種:実線
　 (変更なし)

平行線
数値設定
1)幅　　2.00 cm
2)本数　　1 本
実行
線種 ―――
□角延長
□延長短縮
実行　キャンセル

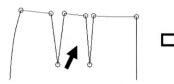

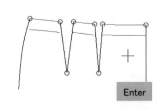

⑤ ラインを整える

修正・カット ⇨ **延長・短縮** ⇨ **線まで**

変更する線（修正側）を選択　　　　　　目標線を選択

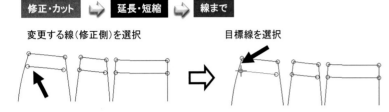

★その他の箇所も同様の方法で延長縮小

（4）ヨーク切り替え線を作成する

作成 ⇨ **線** ⇨ **曲線**

交点　8.5cm　⇒　フリー　⇒　交点　8cm

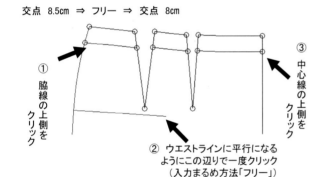

① 脇線の上側をクリック

② ウエストラインに平行になるようにこの辺りで一度クリック（入力まるめ方法「フリー」）

③ 中心線の上側をクリック

（5）不要なパーツを取り出す（旧WL〜新WLの間）

① **修正・カット** ⇨ **取り出し**

処理方法：カット

取り出し
処理
○ 抜き取り
● カット
○ 取り出し元削除

② 図形（取り出したい部分）を選択→Enter

この辺りをドラッグで囲む

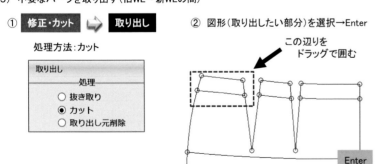

Enter

③ 取り出し線を選択→Enter　　　　④ 取り出す側をクリック

この辺りをクリック

Enter

切り離したパーツがついてくるので置きたい位置でクリック

★残りの2箇所も同様の方法で取り出す

（6）あき止まり位置にノッチを入れる（p.18,59参照）

（7）ヨーク部分を取り出す

① **修正・カット** ⇨ **取り出し**

処理方法：カット

② 図形を選択→Enter

この辺りをドラッグで囲む

③ 取り出し線を選択→Enter

④ 取り出す側をクリック

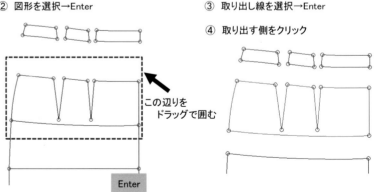

Enter

(8) 不要な線を消す

修正・カット ➡ 消しゴム

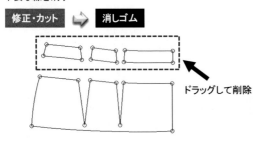

ドラッグして削除

(9) ヨークのダーツをたたむ

① 移動・展開 ➡ 移動

※磁石モードをONにしておく ∩

線上

ダーツ先をドラッグ
して線上にのせる

★残りのダーツも同様の方法で移動

② ヨークの切り替え線（下側の線）とダーツ先との交点をカットする

修正・カット ➡ 線カット 交点

③ 移動・展開 ➡ 合わせ ➡ 接線

④ 合わせる図形を選択→Enter

⑤ 合わせ元をクリック

Enter

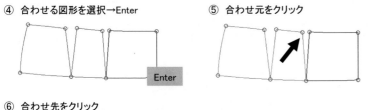

⑥ 合わせ先をクリック

⑦ ［合わせたまま終了］ボタンで終了

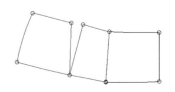

★残りのダーツも同様の方法でたたむ

（10）ヨークの切り替え線とウエストラインを修正する

① 修正・カット ➡ 引き直し ➡ 複数線指示

② 線を順に選択→Enter

Enter

③ 分割数を入力→Enter
（例：分割数3）

Enter

④ ノブ・ノードを調節→Enter

Enter

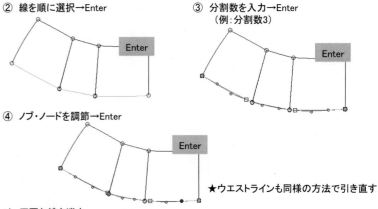

★ウエストラインも同様の方法で引き直す

（11）不要な線を消す

修正・カット ➡ 消しゴム

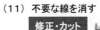

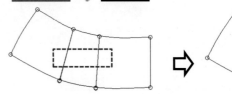

（12） 脇線のつながりを修正する

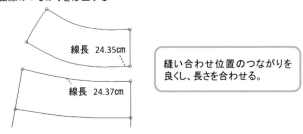

線長　24.35cm

線長　24.37cm

縫い合わせ位置のつながりを
良くし、長さを合わせる。

① 修正・カット　⇨　つながり修正　⇨　長さ合せ

② 修正する線を選択→Enter

この辺りをクリック

Enter

③ 続けて修正する線を選択→Enter

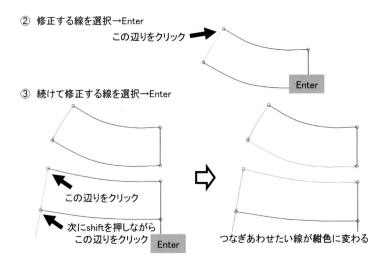

この辺りをクリック

次にshiftを押しながら
この辺りをクリック　Enter

つなぎあわせたい線が**紺色**に変わる

④ （指示終了）→Enter

⑤ 分割数を入力→Enter
　（例：分割数3）

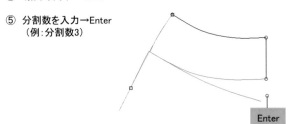

Enter

⑥ ノブ・ノードを調節→Enter

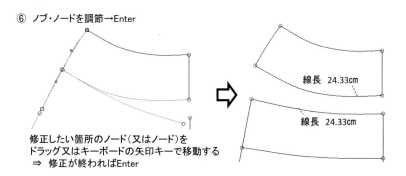

線長　24.33cm

線長　24.33cm

修正したい箇所のノード（又はノード）を
ドラッグ又はキーボードの矢印キーで移動する
　⇒　修正が終わればEnter

（13） プリーツ線を作成する

① 移動・展開　⇨　プリーツ　　距離指示

プリーツ
距離指示
線指示

② 図形を選択→Enter

③ 基準線を選択→Enter

④ 作成する側をクリック

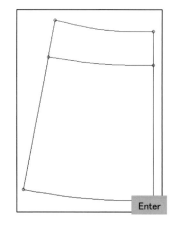

Enter

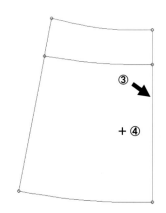

③

＋④

⑤ 展開する線を選択→Enter

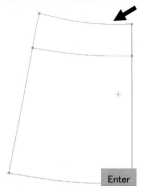

Enter

⑥ 反対側の線を選択→Enter

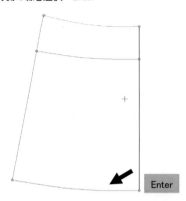

Enter

⑦ 数値を入力

プリーツ
距離指示
線指示
── タイプ ──
◉ サイド
○ ボックス
── 基準線からの距離 ──
1)始点　0.00 cm
2)終点　0.00 cm
平行
── ヒダ幅 ──
3)始点　5.00 cm
4)終点　5.00 cm
線長
── 山の間隔 ──
5)始点　0.00 cm
6)終点　0.00 cm
線長
── 本数 ──
　　1 本
☑ 倒し方向反転
☐ 元線を残す
☐ 展開線を残す
☑ 倒し記号作成
☐ 記号反転
実行　　キャンセル

タイプ
サイド

ヒダ幅
始点：5cm
終点：5cm

本数
1本

・倒し方向反転
・倒し記号作成

実行

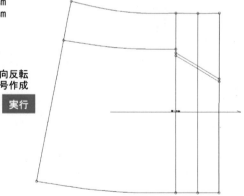

* 地の目線　　　　　 p.16参照
* わさマーク　　　　 p.16参照
* つながり修正（裾）　p.25参照
* ノッチ　　　　　　 p.18,59参照

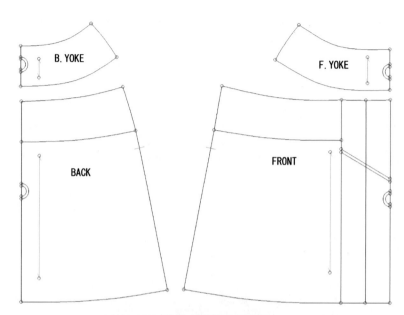

B. YOKE

F. YOKE

BACK

FRONT

 パーツ化 ⇒ 3Dフィッティング（p.39参照）

参考

ヨーク切り替え線より下（スカート側）にダーツ先が残る場合は、脇でカットするとよい。

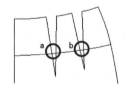 a b ⇒ 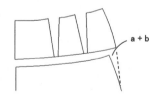 a + b

残ったダーツ分量を脇でカット

※ 脇で残ったダーツ分をカットするのはパターンメーキングする上での考え方であり、ここでは、「つながり修正」をすることで、ヨークとスカートの縫合箇所の長さを合わせることができる。

ボックスプリーツスカートと同じ展開方法で身頃のプリーツが展開できる

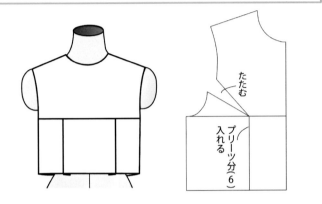

たたむ

プリーツ分（6）入れる

（1）プリーツ位置を決める

作成 ⇒ 線 ⇒ 直線

基点 ⇒ Ctrl ⇒ 線上点

（2）ヨーク部分を取り出す

「ヨーク切り替えのヒップボーンスカートへの展開（7）」と同様の方法で展開

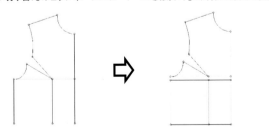

（3）プリーツ線を作成する

「ヨーク切り替えのヒップボーンスカートへの展開（13）」と同様の方法で展開

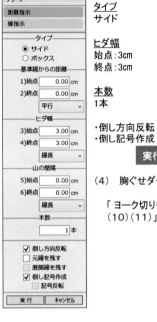

タイプ
サイド

ヒダ幅
始点：3cm
終点：3cm

本数
1本

・倒し方向反転
・倒し記号作成

実行

※パラメータパネルに入力する
　数字等は変更のこと

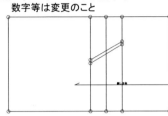

（4）胸ぐせダーツをたたむ

「ヨーク切り替えのヒップボーンスカートへの展開（9）③〜⑦
（10）（11）」と同様の方法で展開

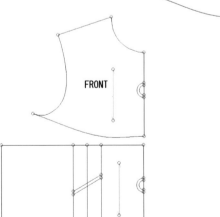

FRONT

6. キュロットスカートへの展開

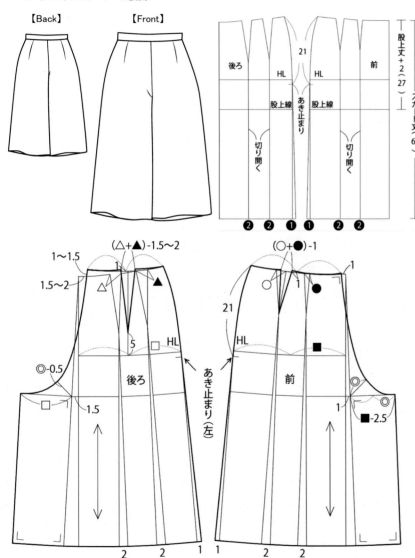

【Back】　【Front】

後ろ　HL　HL　前

股上線　あき止まり　股上線

切り開く　切り開く

股上丈+2（27）

スカート丈（60）

21

② ② ① ① ② ②

（△+▲）-1.5～2

1～1.5

1.5～2

1

△　▲

◎-0.5

□

1.5

5　HL

後ろ

あき止まり（左）

2　2　1

（○+●）-1

1

○　●　1

21

HL

前

1

■-2.5

1　2　2

85

（1）　作成 ⇨ 原型 ⇨ スカート　標準サイズ

（2）股上線をかく

① 作成 ⇨ 線 ⇨ 直線

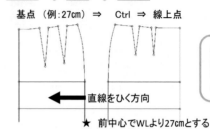

基点　（例：27cm） ⇨ Ctrl ⇨ 線上点

直線をひく方向

★ 前中心でWLより27cmとする

> 後ろ中心には後ろ下がり（0.5cm）があるため、前中心でウエスト位置からの寸法（股上+2cm）をとり、後ろ中心までの1本線をかく。

② 前後に分け、不要な線を消す

修正・カット ⇨ 線カット　交点

修正・カット ⇨ 消しゴム

（3）セミタイトスカートに展開する（p.60「3. セミタイトスカートへの展開（2）～（4）」参照）

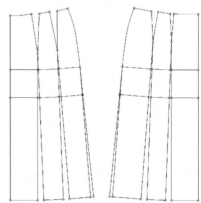

86

（4）HLで幅を測定する　前で計算した寸法を後ろで使用するため、前スカートから展開

①  仕上げ・チェック ➡ 計測 ・2点間

　※　測定した幅の1/2寸法を股ぐり幅を決定する際に用いる

② 計測する1点目をクリック

③ 計測する2点目をクリック

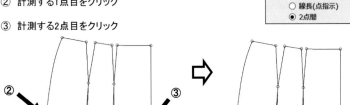

（5）股下線をかく

① 修正・カット ➡ 延長・短縮 ➡ 数値指示

延長縮小線（基点に近い方）をクリック
延長距離（1cm）を入力　実行

② 作成 ➡ 線 ➡ 直線

基点 ⇒ 基点

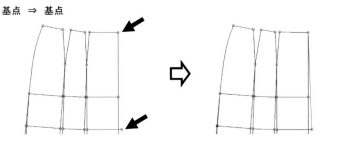

③ 修正・カット ➡ 延長・短縮 ➡ 線まで

④ 変更する線（修正側）を選択

⑤ 目的線を選択

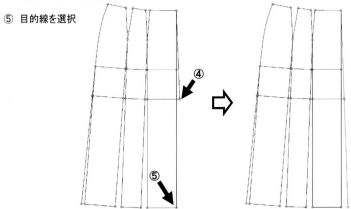

⑥ 作成 ➡ 直角線 ➡ 長さ指示

作成位置線をクリック　数値を入力→作成側をクリック
　　　　交点　　　　　（例：10.22cm）

直角線の長さの計算方法
（HLでの）幅/2-2.5cm
幅⇒（4）①で測定した値

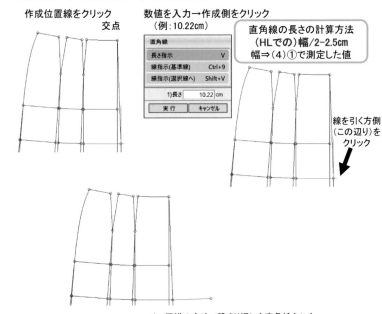

線を引く方側
（この辺り）を
クリック

★　同様の方法で股ぐり裾にも直角線をひく

⑦ 作成 ➡ 線 ➡ 直線

基点 ⇒ 基点

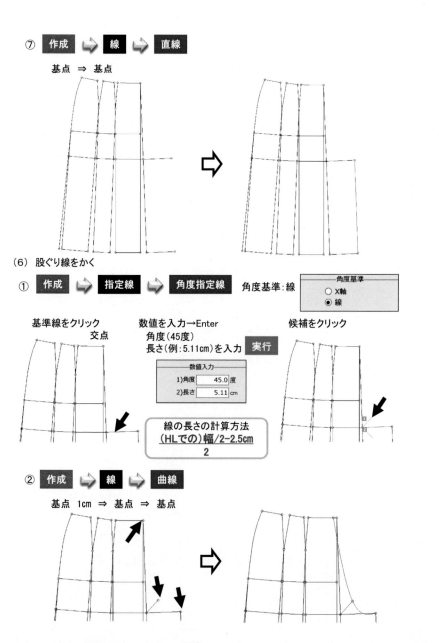

（6）股ぐり線をかく

① 作成 ➡ 指定線 ➡ 角度指定線　角度基準：線

角度基準
○ X軸
● 線

基準線をクリック　　　数値を入力→Enter　　　候補をクリック
　　交点　　　　　　　角度（45度）
　　　　　　　　　　　長さ（例：5.11cm）を入力　実行

数値入力
1)角度　45.0 度
2)長さ　5.11 cm

線の長さの計算方法
（HLでの）幅/2-2.5cm
2

② 作成 ➡ 線 ➡ 曲線

基点 1cm ⇒ 基点 ⇒ 基点

③ 修正・カット ➡ ノブ・ノード

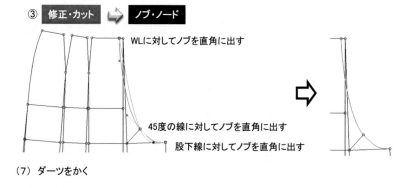

WLに対してノブを直角に出す

45度の線に対してノブを直角に出す

股下線に対してノブを直角に出す

（7）ダーツをかく

① 原型ダーツを測り、ダーツ量を決める

仕上げ・チェック ➡ 計測　・2点間

1点目、2点目を指示

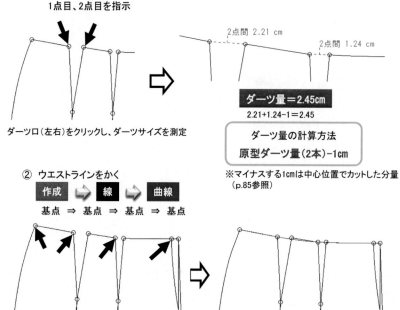

2点間 2.21 cm　　2点間 1.24 cm

ダーツロ（左右）をクリックし、ダーツサイズを測定

ダーツ量＝2.45cm

2.21+1.24-1＝2.45

ダーツ量の計算方法
原型ダーツ量（2本）-1cm

※マイナスする1cmは中心位置でカットした分量
（p.85参照）

② ウエストラインをかく

作成 ➡ 線 ➡ 曲線

基点 ⇒ 基点 ⇒ 基点 ⇒ 基点

③ ②でかいた曲線に2等分線を入れる

| 作成 | ⇒ | 線 | ⇒ | 直線 |

中点 ⇒ フリー

| 修正・カット | ⇒ | 線カット | 交点 |

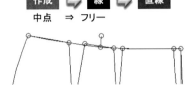

ダーツの位置は2等分点からの測量のため案内点として作成

④ ②でかいた曲線上にダーツをつくる

| 作成 | ⇒ | 線 | ⇒ | 直線 |

基点 1cm ⇒ 基点

基点 1cm

基点

交点 2.45cm ⇒ 基点

ダーツ量は（7）①で計算したもの（＝2.45cm）

交点 2.45

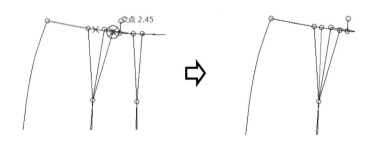

（8）不要な線を消す

| 修正・カット | ⇒ | 消しゴム |

※ 原型のWLも削除

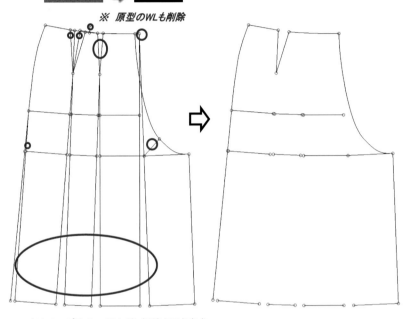

（9）ヒップライン、股上線、裾線を引き直す

※ p.62「3. セミタイトスカートへの展開 （5）②〜④」と同様の方法で展開
※ ヒップライン及び股上線は「修正・カット ⇒延長・縮小 ⇒ 線まで」を使ってラインを整える

★ 後ろスカートも同様の方法で展開
　 ただし、移動寸法等同一でないもの、ダーツのかき方等一部異なる箇所
　 があるため、p.85の図をよく確認して展開すること

＊	地の目線	p.16参照	＊	ノッチ	p.18,59参照
＊	つながり修正（ダーツ）	p.23-24参照	＊	ベルトの作図	
＊	つながり修正（裾）	p.25参照		手動ベルト	p.21-22参照
				自動ベルト	p.38参照

※ ベルトは前後を開いた状態

BELT

BACK

FRONT

パーツ化 ⇒ 3Dフィッティング（p.39参照）

身頃の展開

1. 胸ぐせダーツの展開

原型のアームホールにとられているダーツは、デザインにより各部位へ移動して作図を行う。
デザインにより、切り開き位置に案内線を入れる。

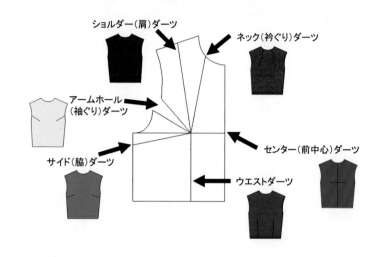

ショルダー（肩）ダーツ

ネック（衿ぐり）ダーツ

アームホール
（袖ぐり）ダーツ

センター（前中心）ダーツ

サイド（脇）ダーツ

ウエストダーツ

（1）切り開き線に案内線を入れる（例：サイドダーツ）

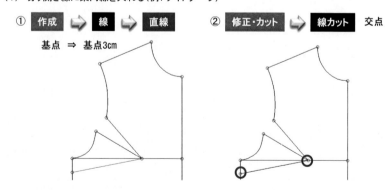

① 作成 ⇒ 線 ⇒ 直線

基点 ⇒ 基点3cm

② 修正・カット ⇒ 線カット 交点

（2）サイドダーツ
　　　BPを基点にしてアームホールダーツを
　　　脇のデザイン線へ展開する

① | 移動・展開 | ⇨ | 回転 | ⇨ | 点指示 |

② 図形を選択→Enter

③ 回転の中心位置をクリック

④ 基準位置をクリック　　　⑤ ぶつける位置をクリック

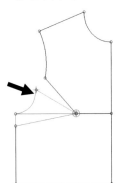
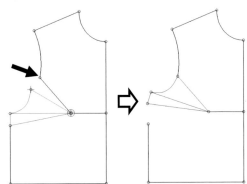

⑥ 必要な線を加える

| 作成 | ⇨ | 線 | ⇨ | 直線 |

基点　⇨　基点

⑦ 不要な線を消す

| 修正・カット | ⇨ | 消しゴム |

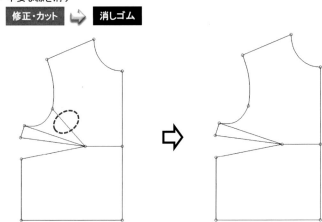

（3）ショルダーダーツ
BPを基点にしてアームホールダーツを
肩線に続くデザイン線へ展開する

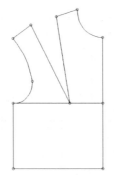

★「サイドダーツ」と同様の方法で展開

（4）ネックラインダーツ
BPを基点にしてアームホールダーツを
衿ぐりに続くデザイン線へ展開する

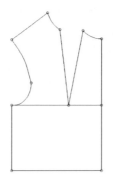

★「サイドダーツ」と同様の方法で展開

（5）センターダーツ
BPを基点にしてアームホールダーツを
前中心に続くデザイン線へ展開する

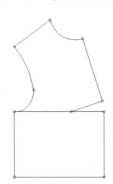

★「サイドダーツ」と同様の方法で展開

（6）ウエストダーツ
BPを基点にしてアームホールダーツを
ウエストに続くデザイン線へ展開する

★「サイドダーツ」と同様の方法で展開

2.肩ダーツの展開

（1）切り開き位置にデザイン線を入れる

※アームホールとネックラインに展開するためネックラインに対して線を入れる

① 作成 ➡ 線 ➡ 直線

ネックライン ‥‥比率点1/3 ⇒ 基点

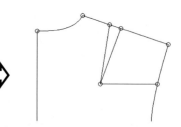

② 切り開き線との交点をカット

 ➡ 交点

③ 不要な線を消す

 ➡

（2）ダーツの移動

★ p.95「1. 胸ぐせダーツの展開 （2）サイドダーツ」と同様の方法で展開

① ネックラインへ展開

② アームホールへ展開

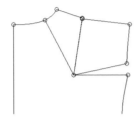

※ ノースリーブや衿ぐりが大きく開いた
　デザインに用いる

※ ヨークや、シャツスリーブに用いる

（3）肩線を引き直す

①

　基点 ⇒ 基点

肩ダーツをたたむと中央に窪みを持った肩線になる。
必要に応じて直線化するとよい。

② 不要な線を消す

ダーツ移動と同じ展開方法でタイトスリーブが展開できる

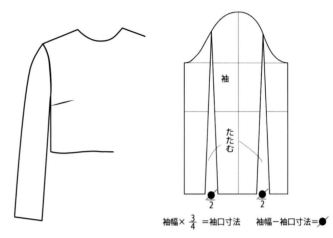

袖幅 × $\frac{3}{4}$ ＝袖口寸法　　袖幅 − 袖口寸法 ＝●

「 1. 胸ぐせダーツの展開（1）〜（2）」と同様の方法で展開

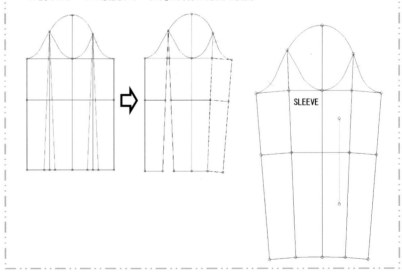

SLEEVE

ネックライン（衿ぐり）とは、人体の首のまわりの輪郭のことを意味し、顔に最も近く、ドレスのデザインにとって重要な役割をもっている。

1. ノーカラー

（1）ラウンドネックライン
SNPで6cmくり、FNPで7cm、BNPで1cm下げて、衿ぐり線をかく

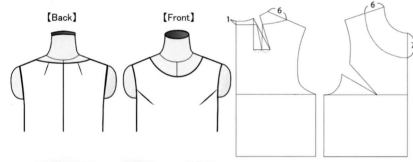

【Back】　【Front】

① 移動・展開 ⇨ 相似 ⇨ 2点

※コピーモードをONにしておく

コピーモードを使うと線を移動した後も原型が残るため、動いた形状が確認しやすい。

② 図形を選択→Enter

③ 当てはめ元1点目、2点目をクリック

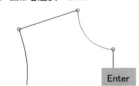

Enter

④ 当てはめ先1点目をクリック
基点 6cm

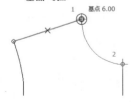

⑤ 当てはめ先2点目をクリック
基点 7cm

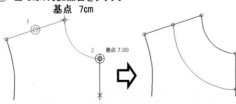

★ 端点のカーブが深くなった際には直角化（p.24参照）を行うとよい

⑥ 肩ダーツをネックダーツに展開（p.98「2. 肩ダーツの展開」参照）

⑦ ダーツ先移動のための案内線を2本かく

作成 ⇨ 線 ⇨ 直線

基点 ⇒ フリー, Ctrl　　基点 ⇒ Ctrl ⇒線上点

⑧ 修正・カット ⇨ 角延長・カット

1線目、2線目順にクリック（どちらを先に選んでもよい）

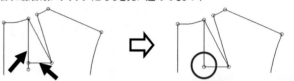

⑨ 後ろ衿ぐりをかく

作成 ⇨ 線 ⇨ 曲線

基点 1cm ⇒ フリー ⇒ 基点 6cm

⑩ 修正・カット ⇨ 線カット　交点

⑪ 肩ダーツを引き直す

作成 ⇨ 線 ⇨ 直線

基点 ⇒ 中点

⑫ 不要な線を消す

修正・カット ⇨ 消しゴム

※必要な場合には交点をカット

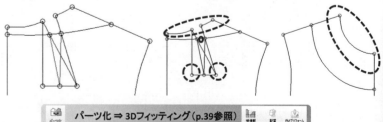

パーツ化 ⇒ 3Dフィッティング（p.39参照）

（2） Vネックライン
　　SNPで1cmくり、FNPで12cm下げて、衿ぐり線をかく

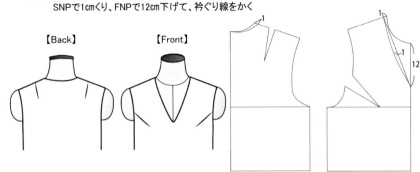

【Back】　　【Front】

① 案内線をかく（1本目）

作成 ⇨ 線 ⇨ 直線

基点　1cm　⇒　基点　12cm

② 案内線をかく（2本目）

作成 ⇨ 線 ⇨ 直角線　長さ指示

中点　1/2

直角線の長さ（1cm）

実行

直角線	
長さ指示	V
線指示（基準線）	Ctrl+9
線指示（選択線へ）	Shift+V
1)長さ	1.00　cm
実　行	キャンセル

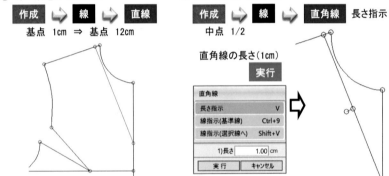

③ 前衿ぐりをかく

作成 ⇨ 線 ⇨ 曲線

基点　⇒　基点　⇒　基点

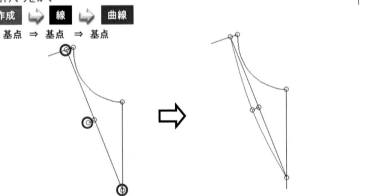

④ 後ろ衿ぐりをかく（p.102「（1）ラウンドネックライン⑨」参照）

　　　　※パラメーターパネルに入力する数字等は変更のこと

基点　⇒　フリー　⇒基点　1cm

⑤ 不要な線を消す

修正・カット ⇨ 消しゴム

※必要な場合には交点をカット

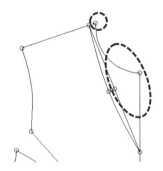

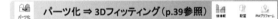

パーツ化 ⇒ 3Dフィッティング（p.39参照）

（3）スクエアネックライン
　　SNPで5cmくり、FNPで4cm下げて、BNPで1cm下げて、衿ぐり線をかく

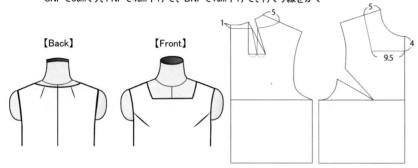

【Back】　【Front】

① 前衿ぐりをかく（1本目）

作成 ⇒ 線 ⇒ 直線

　基点　4cm

直線の長さ（左9.5cm）を入力　　実行

線	
直線	L
曲線	C
連続線	
ルーラー	

上下左右

○↑
◉↓　　0.00 cm
◉○　　9.50 cm
○←→

移動ピッチ　0.01 cm

実行　キャンセル

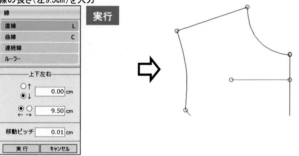

② 前衿ぐりをかく（2本目）

基点　5cm ⇒ 基点

③ 後ろ衿ぐりをかく
　　（p.102「（1）ラウンドネックライン⑥〜⑪」参照）
　　※パラメーターパネルに入力する数字等は変更のこと

基点　1cm ⇒ 基点　5cm

④ 不要な線を消す　（p.102「（1）ラウンドネックライン⑫」参照）

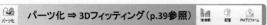

パーツ化 ⇒ 3Dフィッティング（p.39参照）

2．シャツカラー
　　身頃の衿ぐりから立ち上がって折り返した衿のこと。

衿の作図の前に、身頃の衿ぐり線を決める。

衿ぐり線はデザインや好みによるが、原型よりも少し離し加減（衿ぐりを広げる）にするとよい。
ここに示す寸法程度が一般的ではあるが、寸法は少々どちらに動いても構わない。

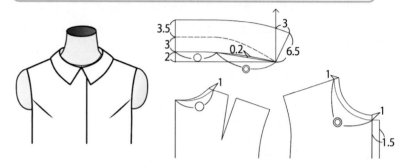

① 身頃に衿つけのための衿ぐりをかく（p.101「（1）ラウンドネックライン①〜⑤・⑨」参照）
　　※パラメーターパネルに入力する数字等は変更のこと

② 前後衿ぐり線（○，◎寸法）をそれぞれ計測する

仕上げ・チェック ⇒ 計測・線長

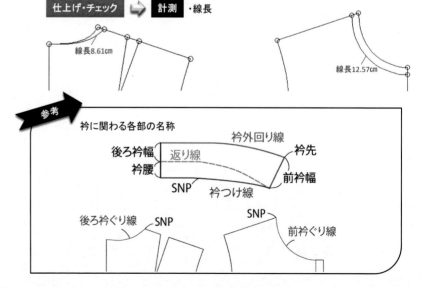

線長8.61cm

線長12.57cm

参考

衿に関わる各部の名称

後ろ衿幅　返り線　衿外回線　衿先
衿腰　　　　　　　　　　　　　前衿幅
　　　SNP　衿つけ線

後ろ衿ぐり線　SNP　　SNP　前衿ぐり線

③ 後ろ中心線をかく

 ⇒ 線 ⇒ 直線

フリー ⇒ （パラメーターパネルに値入力）上8.5cm

④ 基礎線をかく

基点 ⇒ Ctrl フリー（線長はおよそ25～30cm程度）

⑤ 後ろ中心線上で下から2cm上がった位置で後ろ衿ぐり寸法（○）を水平にとる

基点 2cm ⇒ （パラメーターパネルに値入力）右○cm

⑥ ⑤でひいた線の端から基礎線に交わるように斜めに前衿ぐり寸法（◎）をとる

基点 ⇒ （パラメーターパネルに値入力）右◎cm，下2cm

⑦ ⑥でひいた線を計測する

仕上げ・チェック ⇒ 計測 ・線長

⑧ 修正・カット ⇒ 延長・短縮 ⇒ 目的長

目的長＝◎cm

> ⑥でひいた線はX軸プラス方向に◎cm、Y軸マイナス方向に2cmのポイントであり、仕上がった斜線はこの値よりも長くなるため、線長をここで微調整する

⑨ 衿腰（3cm）、衿幅（3.5cm）の位置に平行線をかく

作成 ⇒ 平行線

⑤の線より3cm，衿腰線より3.5cmの平行線

⑩ 前衿幅線の案内線（1本目）をかく

作成 ⇒ 線 ⇒ 直線

基点 ⇒ （パラメーターパネルに値入力）上6.5cm

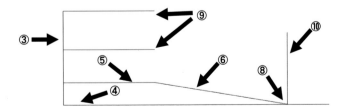

⑪ 前衿幅線の案内線（2本目）をかく

作成 ⇒ 円弧 ⇒ 半径指示

基点 ⇒ （パラメーターパネルに値入力）半径6.5cm

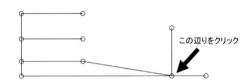

この辺りをクリック

開始点・終了点でクリック

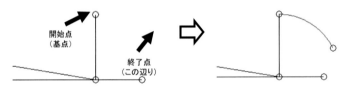

開始点（基点）

終了点（この辺り）

⑫ 前衿幅線をかく

作成 ⇒ 線 ⇒ 直線

基点 3cm ⇒ 基点

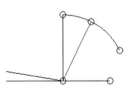

⑬ 衿外回り線をかく

作成 ⇒ 線 ⇒ 曲線

基点 ⇒ フリー ⇒ 交点

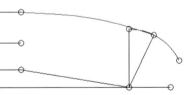

⑭ 衿腰線をかく

基点 ⇒ フリー ⇒ 基点

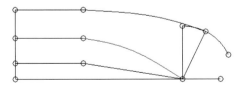

⑮ 衿つけ線を修正する
　　※SNPの角を落とし、FNPとSNPの中間辺りで衿側からみて0.2cm程度のインカーブになる
　　　ように衿つけ線をかく

線上線　⇒　フリー　⇒　基点

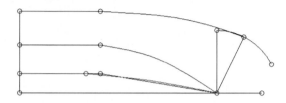

⑯ 衿つけ線、衿腰線、衿外回り線を1本化する

修正・カット　➡　引き直し　➡　2線指示

　　・2点中点
　　・1本化

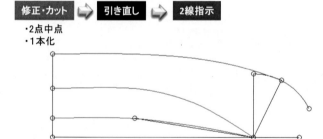

⑰ 衿腰線を点線に変更する

修正・カット　➡　線種変更　➡　線種　・破線

線種を選び、変更する線をクリック

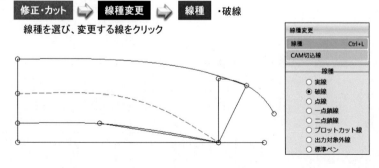

線種変更	
線種	Ctrl+L
CAM切込線	

線種
○ 実線
● 破線
○ 点線
○ 一点鎖線
○ 二点鎖線
○ プロットカット線
○ 出力対象外線
○ 標準ペン

⑱ サイドネックポイントに合印を入れる

作成　➡　ノッチ　➡　距離指示

・端点、線上線からの距離　後ろ衿ぐり寸法（○）cm

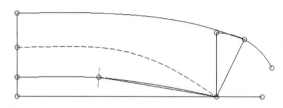

⑲ 不要な線を消す

修正　➡　消しゴム

※必要な場合には交点カット等を行う

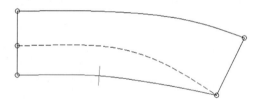

　＊　地の目線　　　　p.16参照
　＊　わさマーク　　　p.16参照

COLLAR

パーツ化 ⇒ 3Dフィッティング（p.39参照）

シャツカラーと同様（要アレンジ）の方法でロールカラーが作図できる

【Back】 【Front】

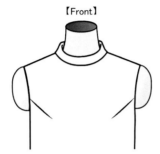

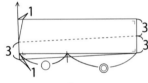

（1）身頃に衿つけのための衿ぐりをかく
　　（p.101「（1）ラウンドネックライン①～⑤・⑨」参照,
　　p.106「2.シャツカラー」と持ち出しの位置以外は同じ）

（2）以降、p.106「2. シャツカラー」と同様（動かし方は反転する）の方法で作図

　　※　一部に「作成＞線＞直角線（p.103参照）」を使用するとよい

COLLAR

---

3. フラットカラー
　　フラットとは「平らな」という意味で、衿腰がとても低く、ほぼ平らな折り返した衿のこと。

（1）衿腰無し

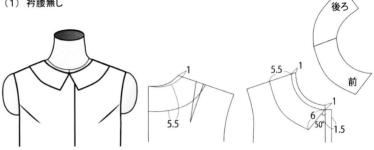

① 身頃に衿つけのための衿ぐりをかく(p.101「（1）ラウンドネックライン①～⑤・⑨」参照)
　　※パラメーターパネルに入力する数字等は変更のこと

② 前衿幅をかく

| 作成 | ⇨ | 指定線 | ⇨ | 角度指定線 |

指定線	
角度指定線	Ctrl+1
高さ指定線	Ctrl+3
幅指定線	Ctrl+4
角度基準	
◉ X軸	
○ 線	
数値入力	
1)角度	230.0 度
2)長さ	6.00 cm

角度基準：X軸
角度：230度
長さ：6cm

基点より左下方向に50°の
線をひく場合、CAD上では
230° となる。

③ 衿外回り線をかく

| 作成 | ⇨ | 線 | ⇨ | 曲線 |

基点 5.5cm ⇒ フリー ⇒ 基点　　　　基点 5.5cm ⇒ フリー ⇒ 交点 5.5cm

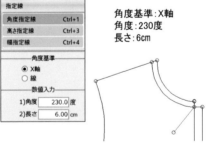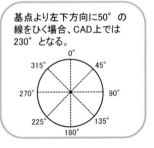

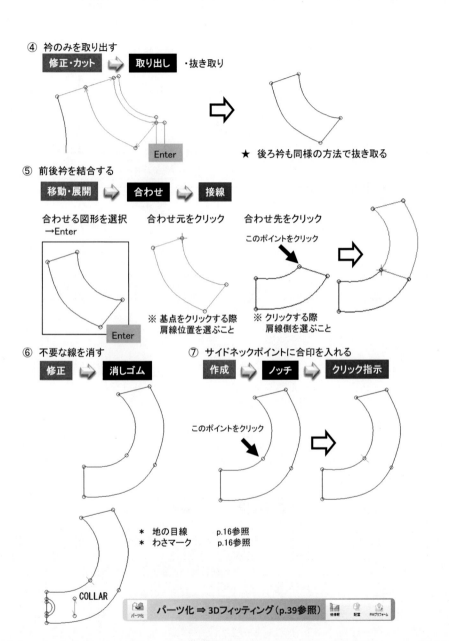

④ 衿のみを取り出す

【修正・カット】 ⇨ 【取り出し】 ・抜き取り

Enter

★ 後ろ衿も同様の方法で抜き取る

⑤ 前後衿を結合する

【移動・展開】 ⇨ 【合わせ】 ⇨ 【接線】

合わせる図形を選択
→Enter

合わせ元をクリック

合わせ先をクリック

このポイントをクリック

Enter

※ 基点をクリックする際
肩線位置を選ぶこと

※ クリックする際
肩線側を選ぶこと

⑥ 不要な線を消す

【修正】 ⇨ 【消しゴム】

⑦ サイドネックポイントに合印を入れる

【作成】 ⇨ 【ノッチ】 ⇨ 【クリック指示】

このポイントをクリック

* 地の目線   p.16参照
* わさマーク   p.16参照

COLLAR

【パーツ化】 パーツ化 ⇒ 3Dフィッティング(p.39参照)

113

（2）衿腰有り

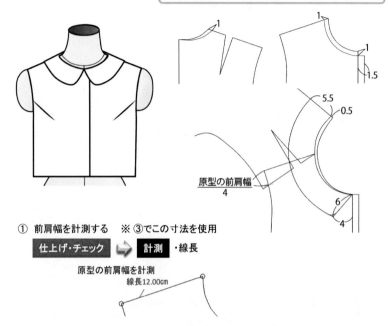

前後身頃の肩線を重ねて写し、衿を作図する。

1

1

1

1.5

5.5

0.5

原型の前肩幅
4

6

4

① 前肩幅を計測する   ※ ③でこの寸法を使用

【仕上げ・チェック】 ⇨ 【計測】 ・線長

原型の前肩幅を計測
線長12.00㎝

② 身頃に衿つけのための衿ぐりをかく(p.101「（1）ラウンドネックライン①～⑤・⑨」参照)
　　※パラメーターパネルに入力する数字等は変更のこと

コピーモードを使わずに衿ぐり線を移動するとフラットカラー(衿腰有り)がかきやすい。

③ 前後肩を重ね置きするための案内点をつける

【作成】 ⇨ 【ノッチ】 ⇨ 【距離指示】
SNPを基点に前AHにノッチ(原型の前肩幅/4)

重ねる分量が少ない(角度が小さい)と
フラットな衿になり、多くなると衿腰の
高い(シャツカラーに近い)衿になる。

114

④ 後ろ身頃を前身頃に重ねる

移動・展開 ⇨ 移動 ⇨ 端点移動

図形を選択→Enter

移動元をクリック
（基点）

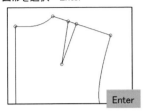 

Enter

移動先をクリック
（基点）

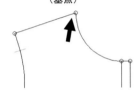 

⑤ 衿ぐりを回転し、③でつけたノッチに合わせて前肩線に重ねる

移動・展開 ⇨ 回転 ⇨ 角度指定

図形を選択

回転中心点を移動し、ドラッグで回転
ドラッグで回転する
（後ろ肩線を③でつけたノッチに合わせる）

 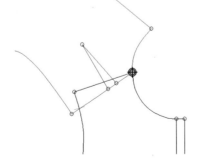

⑥ 前衿幅線をかく

作成 ⇨ 線 ⇨ 直線

基点 ⇒ （パラメーターパネルに値入力）
下4.5cm，左4cm

基点

前衿幅（6cm）になるようにY軸
方向の値を決める（例：4.5cm）

6cm※   4.5cm

4cm

※誤差あり（実際には6.02cm）

参考

平行線、円弧作成機能を使うと誤差
のない斜線をかくことができる。

（前端の）平行線

線長 6.00cm

円弧線

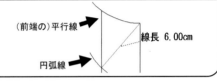

⑦ 衿外回り線かく

作成 ⇨ 線 ⇨ 曲線

基点 5.5cm ⇒ 基点 5.5cm ⇒ 基点

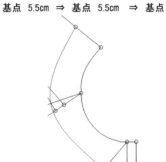

⑧ ⑦でかいた線を修正する

修正・カット ⇨ ノブ・ノード調節

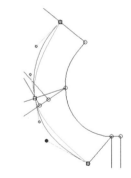

⑨ 後ろ衿幅線をかく

修正・カット ⇨ 延長・短縮 ⇨ 数値指示

変更する線（修正側）選択

数値を入力→Enter

延長・短縮	
線まで	I
数値指示	Ctrl+I
目的長	Shift+I
1)長さ	0.50 cm

⑩ 衿つけ線をかく

 ➡ ➡

基点 ⇒ フリー ⇒ 基点

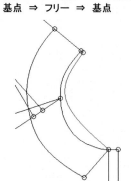

⑪ ⑩でかいた線を修正する

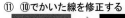

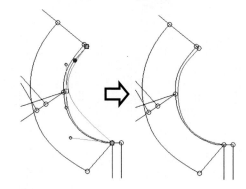

⑫ 衿先に丸みをつける

 ➡ ➡ 半径指示

1線目、2線目をクリック

半径を入力→Enter
半径：1.5cm

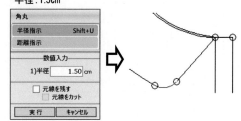

どちらを先に選択してもよい

⑬ 衿のみを取り出し、不要な線を消す

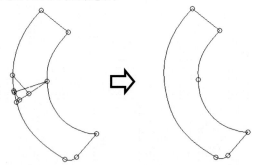

※後ろ中心をX軸に垂直になるように回転
（p.71「軸並べ」参照）

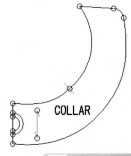

COLLAR

＊　地の目線　　　　p.16参照
＊　わさマーク　　　p.16参照
＊　ノッチ　　　　　p.18,59参照

 パーツ化 ⇒ 3Dフィッティング（p.39参照）

衿付け寸法 ＜ 身頃の衿ぐり寸法

後ろ中心線で身頃から0.5cm出したことで身頃の衿ぐり寸法よりも衿付け寸法が短くなるが、不足分は、衿を伸ばして縫い付けることで僅かな衿腰をきれいに立たせることができる。

フラットカラーと同様の方法でセーラーカラーが作図できる

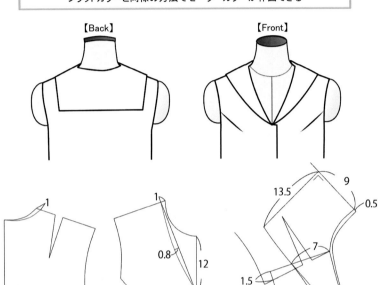

【Back】　　　　　　【Front】

13.5
9
0.5
7
1.5
1
1
0.8
12
1.5
1

COLLAR

(1)　身頃に衿つけのための衿ぐりをかく
　　　（p.102「（1）ラウンドネックライン⑨」、p.103「（2）Vネックライン①〜③」参照）
　　　※パラメーターパネルに入力する数字等は変更のこと

(2)　以降、p.114「2. フラットカラー（2）衿腰有り③〜⑬」と同様の方法で作図

　　　※　一部に「作成＞線＞直角線（p.103参照）」を使用するとよい

4. フード

身頃の衿ぐりに接合する頭を覆う被り物のこと。

フード幅（25）
8
6.5
フード丈（44）
0.6
2　1
1
1.5
1

後ろ　　　前

フード丈＝フード寸法+5cm

フード幅＝$\dfrac{頭回り}{2}$ - 3

① 身頃にフードつけのための衿ぐりをかく（p.101「（1）ラウンドネックライン①〜⑤・⑨」参照）
　　※パラメーターパネルに入力する数字等は変更のこと

コピーモードを使わずに衿ぐり線を移動するとフードがかきやすい。

② 前衿ぐり線に等分線を作成する

作成 ➡ 線 ➡ 直線

中点　⇒　フリー

③ ②でかいた線と衿ぐりとの交点をカットする

修正・カット ➡ 線カット　・交点

④ 前フードつけ線のための案内線をかく

 作成 ⇨ 線 ⇨ 直線

基点 2cm ⇒ 基点

⑤ 前フードつけ線をかく

移動・展開 ⇨ ミラー

(ミラー処理したい)図形を選択→Enter　　軸をクリック

前衿ぐり
SNP付近をクリック

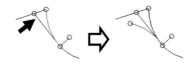

⑥ 後ろフードつけ線のための案内線をかく

作成 ⇨ 線 ⇨ 直線

基点 ⇒ (パラメーターパネルに値入力)左○(後ろ衿ぐり寸法)cm

⑦ フードの基礎線をかく

・基点 ⇒ (パラメーターパネルに値入力)上(フード丈)例:44cm
・基点 ⇒ (パラメーターパネルに値入力)左(フード幅)例:25cm
・基点 ⇒ Ctrl フリー
・基点 ⇒ Ctrl 線上線

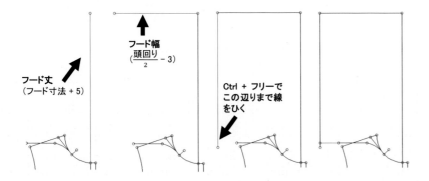

フード幅
$\dfrac{頭回り}{2} - 3$

フード丈
(フード寸法 + 5)

Ctrl + フリーで
この辺りまで線
をひく

---

⑧ フードの輪郭線のための案内線(1本目)をかく

作成 ⇨ 指定線 ⇨ 角度指定線

角度基準:X軸
角度:315度
長さ:6.5cm

指定線

角度指定線	Ctrl+1
高さ指定線	Ctrl+3
幅指定線	Ctrl+4

角度基準
● X軸
○ 線

数値入力
1)角度 315.0 度
2)長さ 6.50 cm

⑨ 案内線(2本目)をかく

作成 ⇨ 線 ⇨ 直線

中点 ⇒ (パラメーターパネルに値入力)
上0.6cm

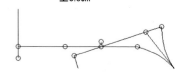

⑩ フードの輪郭線をかく

作成 ⇨ 線 ⇨ 曲線

基点 ⇒ 基点 ⇒ 基点

基点 8cm ⇒ 基点 ⇒ 中点 ⇒ 基点

基点 8cm

基点

中点

基点

⑪ フードのみを取り出す

修正・カット ⇨ 取り出し　・抜き取り

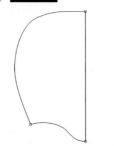

* 地の目線　　　p.16参照
* わさマーク　　p.16参照
* ノッチ　　　　p.18,59参照

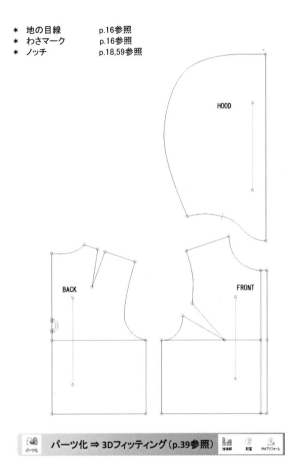

HOOD

BACK

FRONT

📗 パーツ化 ⇒ 3Dフィッティング（p.39参照）

演 習：ま ち 入 り フ ー ド

フード（まち無し）と同様の方法でまち入りフードを作図できる

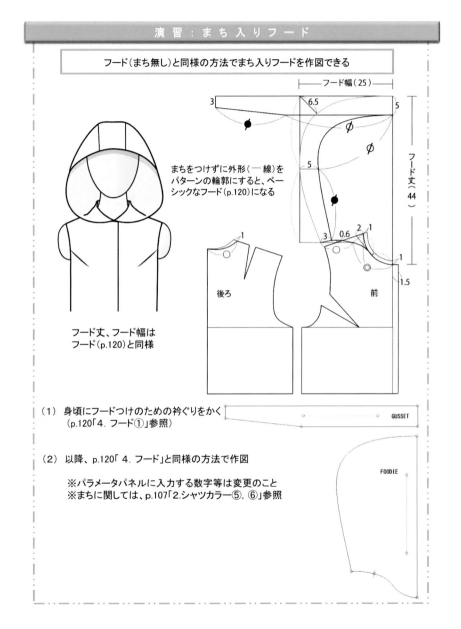

まちをつけずに外形（━線）を
パターンの輪郭にすると、ベー
シックなフード（p.120）になる

フード丈、フード幅は
フード（p.120）と同様

フード幅（25）
フード丈（44）

後ろ　　　　　　　　前

GUSSET

FOODIE

（1）身頃にフードつけのための衿ぐりをかく
　　（p.120「4. フード①」参照）

（2）以降、p.120「4. フード」と同様の方法で作図

　　※パラメータパネルに入力する数字等は変更のこと
　　※まちに関しては、p.107「2.シャツカラー⑤, ⑥」参照

5. ハイネック
首の回りにとって高くせりあがったネックラインのこと。

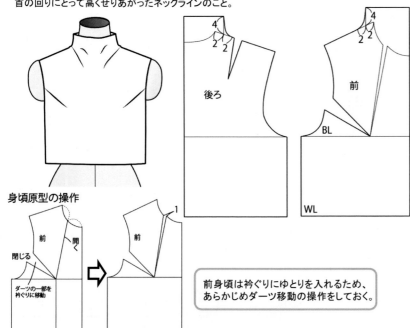

後ろ

前

BL

WL

身頃原型の操作

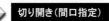

前　開
閉じる　く
ダーツの一部を
衿ぐりに移動

前　　1

前身頃は衿ぐりにゆとりを入れるため、
あらかじめダーツ移動の操作をしておく。

① 首まわりにゆとりを追加するため、胸ぐせダーツの一部を衿ぐりに移動する

移動・展開 ⇒ 切り開き（間口指定） ⇒ 線作成

図形を選択→Enter　　始点（回転中心点側）をクリック
　　　　　　　　　　→終点をクリック→Enter（終了時、再度Enter）

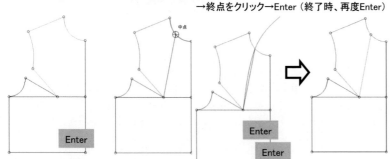

Enter

中点

Enter

Enter

回転中心をクリック　　固定位置をクリック　　間口の入力→Enter
　　　　　　　　　　　　　　　　　　　　　　　　間口：1cm

この辺りを
クリック

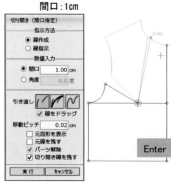

切り開き（間口指定）
指示方法
　● 線作成
　○ 線指示
　数値入力
　● 間口　1.00 cm
　○ 角度　0.0 度
引き直し
　✓ 線をドラッグ
移動ピッチ　0.02 cm
　□ 元図形を表示
　□ 元線を残す
　✓ パーツ解除
　✓ 切り開き線を残す
　　実 行　　キャンセル

[1.00]

Enter

② （身頃から続く）衿部分となる立ち上げ線の案内線をひく

作成 ⇒ 線 ⇒ 直線

基点　2cm　⇒ （パラメータボックスに値入力）上4cm　　　　　基点　⇒　Ctrl フリー

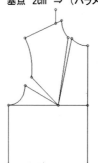

移動
たてよこ　　　　　　　　M
端点移動　　　　　　　Ctrl+T
上下左右
　● ↑
　○ ↓　　4.00 cm
　○ ← →　　　　cm
移動ピッチ　0.01 cm
　　実 行　　キャンセル

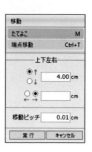

③ 前中心線を延長する

修正・カット ⇒ 延長・短縮 ⇒ 線まで　　　修正・カット ⇒ 角延長・カット

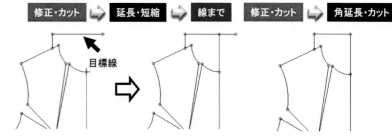

目標線

④ ネックラインから続く肩線をひく

作成 ⇨ 線 ⇨ 曲線

交点　2cm ⇒ 基点

⑤ つながりのよい曲線に修正する

修正・カット ⇨ ノブ・ノード

⑥ 不要な線を消す

修正・カット ⇨ 消しゴム

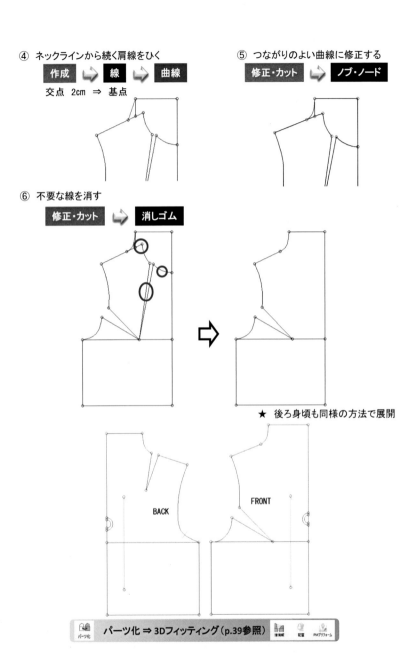

★ 後ろ身頃も同様の方法で展開

BACK　　FRONT

パーツ化 ⇨ 3Dフィッティング（p.39参照）

127

6. テーラードカラー
背広衿のこと。ジャケットやコートに多用される。

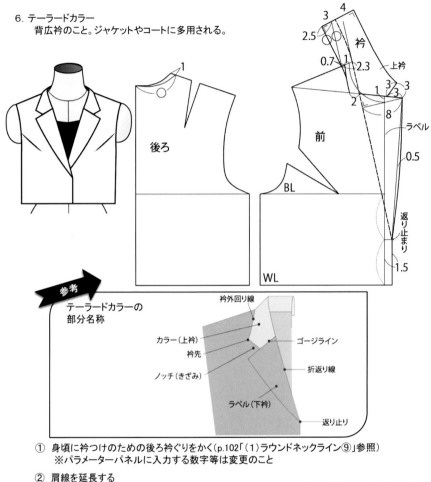

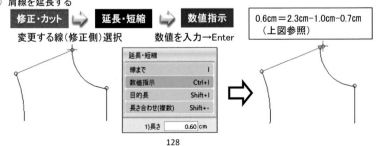

参考

テーラードカラーの
部分名称

衿外回り線
カラー（上衿）
衿先
ノッチ（きざみ）
ラベル（下衿）
ゴージライン
折返り線
返り止り

① 身頃に衿つけのための後ろ衿ぐりをかく（p.102「（1）ラウンドネックライン⑨」参照）
　※パラメーターパネルに入力する数字等は変更のこと

② 肩線を延長する

修正・カット ⇨ 延長・短縮 ⇨ 数値指示

変更する線（修正側）選択　　数値を入力→Enter

0.6cm＝2.3cm－1.0cm－0.7cm
（上図参照）

延長・短縮
線まで	I
数値指示	Ctrl+I
目的長	Shift+I
長さ合わせ（複数）	Shift+-

1)長さ　　0.60 cm

128

③ 持ち出しを作成する

| 修正・カット | ⇨ | 線カット |

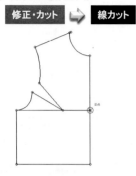

| 作成 | ⇨ | 線 | ⇨ | 直線 |

中点 ⇒ （パラメーターパネルに値入力）右1.5cm
基点 ⇒ フリー

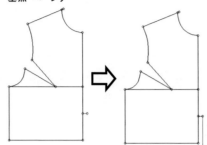

| 修正・カット | ⇨ | 角延長・カット |

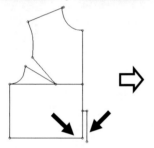

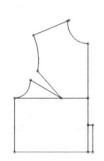

④ 返り線をひく

| 作成 | ⇨ | 線 | ⇨ | 直線 |

| 修正・カット | ⇨ | 延長・短縮 | ⇨ | 数値指示 |

※（後ろ衿ぐり寸法より少し長めの）10cm程度延長

変更する線（修正側）選択

数値を入力（例：10cm）→Enter

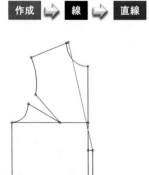

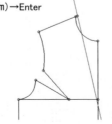

⑤ 後ろ衿つけの案内線をひく

| 作成 | ⇨ | 平行線 |

図形を選択→Enter　　　　作成側をクリック　　　　数値を入力（例：2.3cm）→Enter

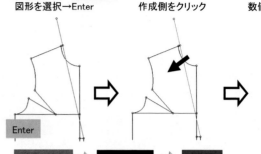

| 修正・カット | ⇨ | 延長・短縮 | ⇨ | 線まで |

変更する線（修正側）選択　　　　目標線を選択

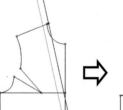

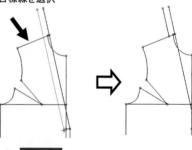

| 修正・カット | ⇨ | 延長・短縮 | ⇨ | 目的長 |

変更する線（修正側）選択　　　　数値を入力（後ろ衿ぐり寸法　例：8.56cm）→Enter

⑥ ゴージラインをひく

| 修正・カット | ⇨ | 延長・短縮 | ⇨ | 数値指示 |

図形を選択→Enter　　　　数値を入力（例：1cm）→Enter

※FNPを延長した点をSPを結ぶ

基点 ⇒ 基点

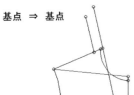

変更する線(修正側)選択
数値を入力(例:5cm)→Enter

⑦ ラペルをかくための案内線をひく

作成 ⇨ **平行線**

※ラペル幅をとるため、返り線に対して
平行線(8cm)をひく

作成 ⇨ **直角線** ⇨ **線指示(基準線)**

※平行線と⑥でひいた線の交点から
返り線に対して直角線をひく

作成位置をクリック(基点)　目標線をクリック

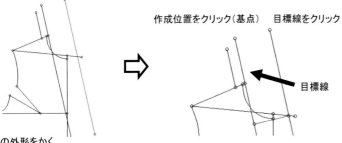

目標線

⑧ ラペルの外形をかく
※ラペル幅の案内線をひき、中央辺りで0.5cm程度の膨らみをもった曲線でラペルの外形をかく

作成 ⇨ **線** ⇨ **直線**

交点 ⇒ 交点

作成 ⇨ **直角線** ⇨ **長さ指示**

中点(長さ:0.5cm)

作成 ⇨ **線** ⇨ **曲線**

基点 ⇒ 基点 ⇒ 基点

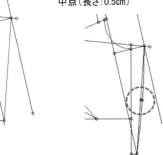

⑨ 前衿ぐり線をかく
※SNP付近は元の衿ぐりのカーブに近似させる

作成 ⇨ **線** ⇨ **曲線**

交点 0.7cm ⇒ 交点 2cm

⑩ 後ろ衿ぐり線をねかす
※ねかし寸法は2.5cm

衿外回りの必要分を得るために衿つけ線を倒す。
この倒す分量を「ねかし寸法」と呼び、この寸法が大きくなるほど
衿外回りが長くなり、フラットな衿となる。

作成 ⇨ **円弧** ⇨ **半径指示**

交点 ⇒ 基点(半径は数値を打ち込まずに「基点」機能を使って後ろ衿ぐり線の上部を選択)

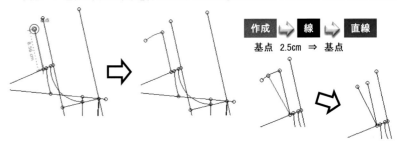

作成 ⇨ **線** ⇨ **直線**

基点 2.5cm ⇒ 基点

★不要な線は削除

⑪ 後ろ中心線をひく
※後ろ衿ぐり線に対して直角に衿腰(例:3cm)、衿幅(例:4cm)をとる

作成 ⇨ **直角線** ⇨ **長さ指示**

基点(長さ:7cm)

⑫ 衿外回りの案内線をひく
※⑪の線に直角

作成 ⇨ **直角線** ⇨ **線指示(基準線)**

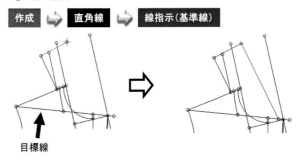

目標線

左ページ (133)

⑬ 衿先をかく

作成 ➡ 円弧 ➡ 半径指示		作成 ➡ 線 ➡ 直線
交点(半径：3cm)	※2本円弧線をひく	交点　3cm ⇒ 交点

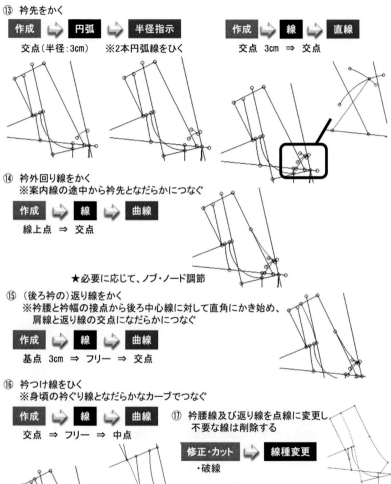

⑭ 衿外回り線をかく
※案内線の途中から衿先となだらかにつなぐ

作成 ➡ 線 ➡ 曲線
線上点 ⇒ 交点

★必要に応じて、ノブ・ノード調節

⑮ (後ろ衿の)返り線をかく
※衿腰と衿幅の接点から後ろ中心線に対して直角にかき始め、
　肩線と返り線の交点になだらかにつなぐ

作成 ➡ 線 ➡ 曲線
基点　3cm ⇒ フリー ⇒ 交点

⑯ 衿つけ線をひく
※身頃の衿ぐり線となだらかなカーブでつなぐ

作成 ➡ 線 ➡ 曲線
交点 ⇒ フリー ⇒ 中点

⑰ 衿腰線及び返り線を点線に変更し
不要な線は削除する

修正・カット ➡ 線種変更
・破線

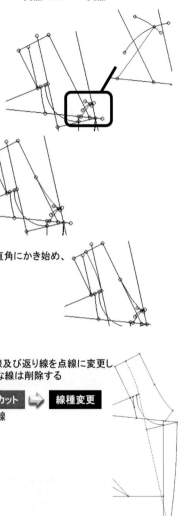

パーツ化 ⇒ 3Dフィッティング(p.39参照)

右ページ (134)

参考

テーラードカラーの作図の考え方

① 衿及びラペルの形をかく
　　前・・・折り返し線内(身頃)側に、ラペルと上衿の形をかく
　　後ろ・・・衿腰と衿幅でおおよその衿の形をかき、衿外回り寸法(●)の検討をつける

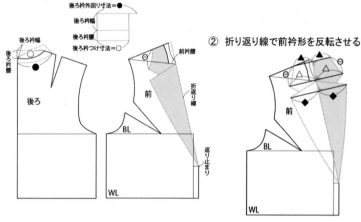

② 折り返し線で前衿形を反転させる

③ 前後の衿形をSNPで突き合わせる

④ SNPを基点に衿外回り寸法(＝●)になるまで切り開く

⑤ 前後の衿をつながりのよい線で結ぶ

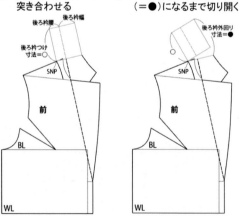
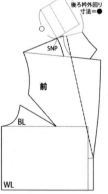
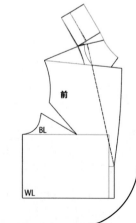

原型を用いずに作図する方法

原型を用いた展開ではなく、デザインによって一からの作図が適するものがある。

1. スカート

（1）ギャザースカート

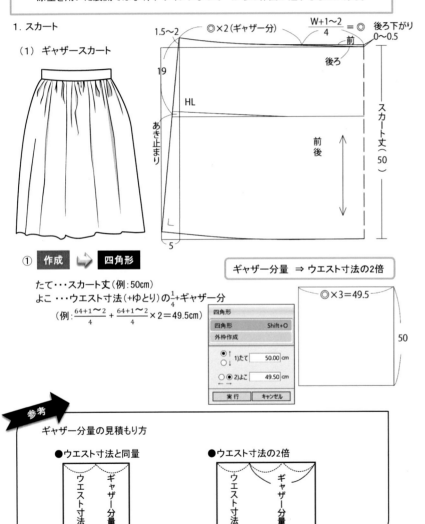

① 作成 ⇨ 四角形

たて・・・スカート丈（例：50cm）
よこ・・・ウエスト寸法（+ゆとり）の $\frac{1}{4}$ +ギャザー分

（例： $\frac{64+1〜2}{4} + \frac{64+1〜2}{4} \times 2 = 49.5$ cm）

ギャザー分量 ⇒ ウエスト寸法の2倍

◎×3＝49.5

50

四角形

四角形	Shift+O
外枠作成	

◉↑ 〇↓ 1)たて 50.00 cm
〇← ◉→ 2)よこ 49.50 cm

実行　キャンセル

参考

ギャザー分量の見積もり方

●ウエスト寸法と同量　　●ウエスト寸法の2倍

ウエスト寸法　ギャザー分量

ウエスト寸法　ギャザー分量

---

② 裾（脇側）で幅を広げる
※磁石モードをONにしておく

裾の広がりは0cmでもよいが、ここでは5cm広くする

移動・展開 ⇨ 移動
移動する図形を選択

移動量（左5cm）を入力　実行

移動	
たてよこ	M
端点移動	Ctrl+T

上下左右
◉↑ 〇↓ □ cm
◉〇 ← → 5.00 cm
移動ピッチ 0.01 cm
実行　キャンセル

③ ウエストライン（脇側）を上げる
※磁石モードをONにしておく

移動量（上2cm）を入力　実行

移動	
たてよこ	M
端点移動	Ctrl+T

上下左右
◉↑ 〇↓ 2.00 cm
◉〇 ← → 0.00 cm
移動ピッチ 0.01 cm
実行　キャンセル

※操作終了後、磁石モードをOFFにする

④ ウエストラインを引き直す

修正・カット ⇨ 線修正（直⇔曲） ⇨ 直→曲

線修正（直⇔曲）	
直→曲	Shift+J
曲→直	Ctrl+J

実行　キャンセル

曲線にする線を連続でクリック（1本可）

修正・カット ⇨ ノブ・ノード

ノブ、ノードを動かして、
ウエストに沿う曲線を作る

Altキーを押しながらノブをドラッグすると隣接線に対して直角方向（垂直も可）に合わせることができる

⑤ 後ろウエストラインをかく

作成 ➡ 線 ➡ 曲線

線上点 ⇒ 基点 0.5cm

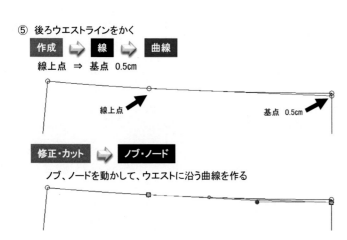

線上点
基点 0.5cm

修正・カット ➡ ノブ・ノード

ノブ、ノードを動かして、ウエストに沿う曲線を作る

⑥ パターン（前スカート）をコピーし、後ろスカートを作成する

パターン選択 ⇒ Ctrl クリック、ドラッグ

⑦ コピーしたパターン（後ろスカート分）を反転する

移動・展開 ➡ 反転 ➡ 線指示

図形を選択→Enter

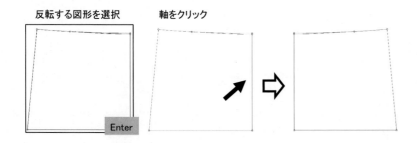

反転する図形を選択　　軸をクリック

Enter

⑧ 後ろウエストラインを整える

修正・カット ➡ 角延長・カット

1線目、2線目の線を指示

1本目　　　　　　　　　2本目

1本目
2本目

⑨ （前スカートの）不要な線を消す

修正・カット ➡ 消しゴム

* 地の目線　　　　　p.16参照
* わさマーク　　　　p.16参照
* ギャザーマーク　　p.17参照
* つながり修正（裾）　p.25参照
* ノッチ　　　　　　p.18,59参照
* ベルトの作図
　　手動ベルト　　　p.21-22参照

ベルトは一般に2〜3cm幅のものが多いが、デザインに合わせて適宜決定するとよい。ここでは、3cm幅で作図している。

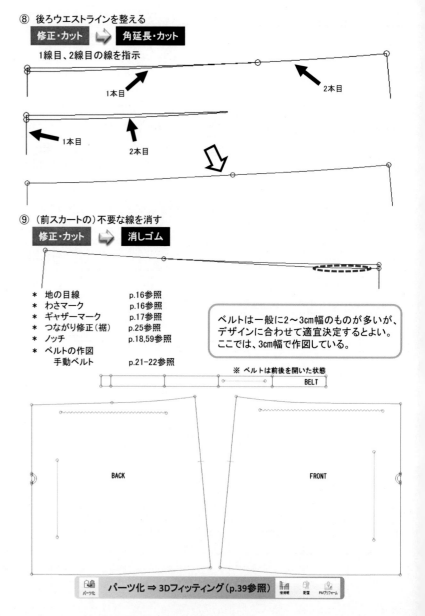

※ ベルトは前後を開いた状態
BELT

BACK　　　　　　FRONT

パーツ化 ⇒ 3Dフィッティング（p.39参照）

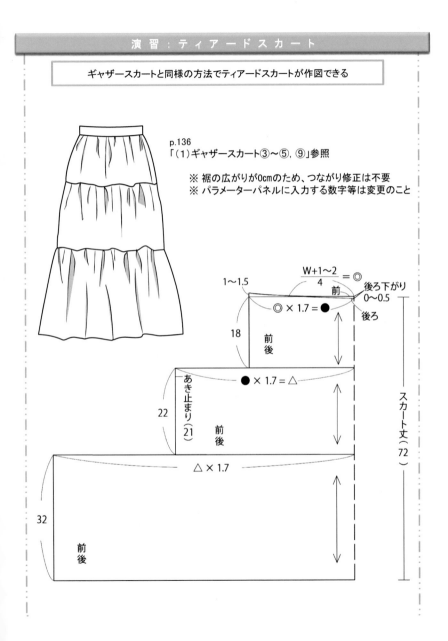

演習：ティアードスカート

ギャザースカートと同様の方法でティアードスカートが作図できる

p.136
「(1)ギャザースカート③～⑤, ⑨」参照

※ 裾の広がりが0cmのため、つながり修正は不要
※ パラメーターパネルに入力する数字等は変更のこと

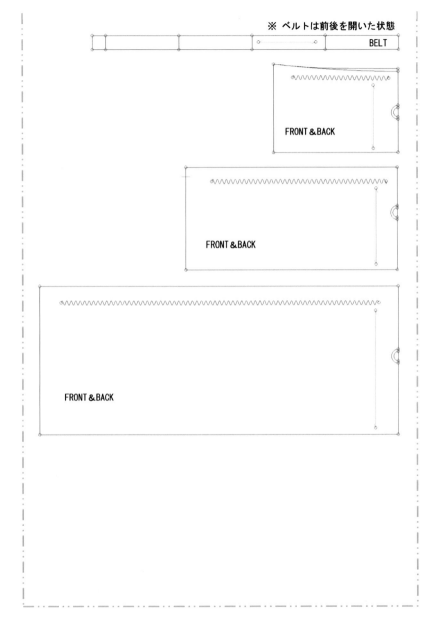

※ ベルトは前後を開いた状態

（2）フレアースカート

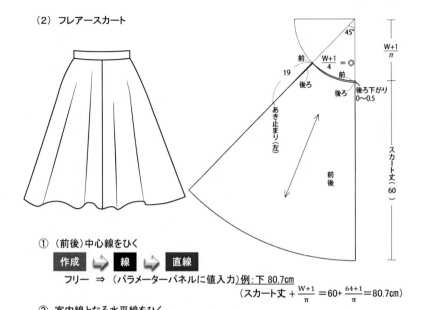

$$\frac{W+1}{4} = \bigcirc$$

45°

前

後ろ

後ろ

前

後ろ下がり
0〜0.5

19

あき止まり
（左）

前
後

$$\frac{W+1}{\pi}$$

スカート丈（60　）

① （前後）中心線をひく

作成　⇒　線　⇒　直線

フリー　⇒　（パラメーターパネルに値入力）例：下 80.7㎝

$$\left(スカート丈 + \frac{W+1}{\pi} = 60 + \frac{64+1}{\pi} = 80.7㎝\right)$$

② 案内線となる水平線をひく
　　基点　⇒　フリー　⇒　Ctrl　クリック

③ 脇線をひく

作成　⇒　指定線　⇒　角度指定線

基点　⇒　（パラメーターパネルに値入力）

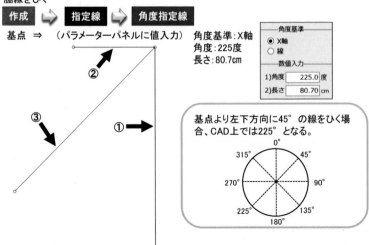

②

③

①

角度基準：X軸
角度：225度
長さ：80.7㎝

角度基準
◉ X軸
○ 線
数値入力
1）角度　225.0　度
2）長さ　80.70　㎝

基点より左下方向に45°の線をひく場
合、CAD上では225°となる。

```
        0°
   315°    45°
270°          90°
   225°    135°
       180°
```

141

④ ウエストラインをひく

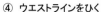

作成　⇒　円弧　⇒　半径指示

作成位置をクリック
基点

数値を入力→Enter
例：半径20.7㎝
$$\left(\frac{W+1}{\pi} = \frac{64+1}{\pi} = 20.7㎝\right)$$

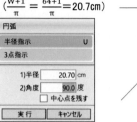

円弧
半径指示　　　　U
3点指示
1）半径　20.70　㎝
2）角度　90.0　度
□ 中心点を残す
実行　　キャンセル

開始・終点位置をクリック
線上点　⇒　線上点

※ 角度は不要
（空白では「実行」できないため、
初期設定のままにしておく）

⑤ 裾線をかく

修正・カット　⇒　線カット

・交点

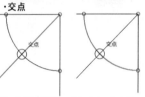

交点　　　　交点

作成　⇒　平行線

図形を選択→Enter

Enter

作成する側をクリック

＋

※ 曲線と直線いずれもカットする
（2回クリック）

＋

数値を入力→Enter

（例）幅：60㎝
本数：1本　　実行

平行線
数値設定
1）幅　60.00　㎝
2）本数　1　本
線種　━━━━
□ 角延長
□ 延長短縮
実行　　キャンセル

142

⑥ ウエスト寸法を確認する

仕上げ・チェック ⇨ 計測 ・線長

計測した値が、$\dfrac{W+1}{4}=\dfrac{64+1}{4}=16.25$cm
と近似しているかどうかを確認
　　　　16.26-16.25＝0.01
⇒誤差の範囲とし、修正なし

　※差が大きい場合は後ろスカートの頁を参考に
　　修正する

線長16.26cm

⑦ あき止まり位置にノッチをつける

作成 ⇨ ノッチ ⇨ 距離指示

ノッチを作成する線を選択

脇線の基点に
近い位置をクリック

（例）距離：19cm　　作成側：内側

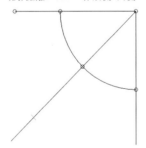

⑧ 地の目線を作成する

作成 ⇨ 線 ⇨ 直線

中点 ⇒ 中点

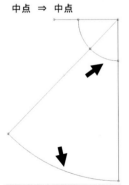

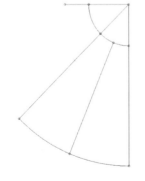

修正・カット ⇨ 線カット

カットする位置を指示
　線上 ⇒ 線上

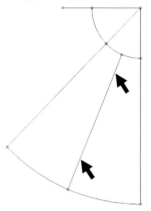

修正・カット ⇨ 消しゴム

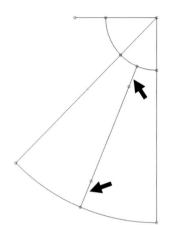

縫製仕様 ⇨ 地の目 ⇨ 線指示

地の目にする線を選択

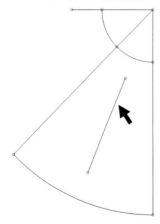

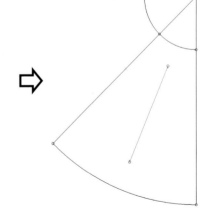

⑨ 後ろスカートを作図するため、前スカートをコピーする

パターン選択 ⇒ Ctrl クリック

⑩ コピーしたパターン（後ろスカート）を反転する

移動・展開 ⇨ **反転** ⇨ **線指示**

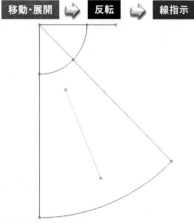

⑪ 後ろウエストラインをかく

作成 ⇨ **線** ⇨ **曲線**

交点 0.5cm ⇒ フリー ⇒ 基点

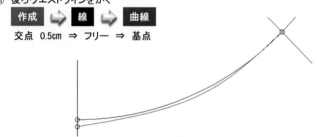

修正 ⇨ **修正** ⇨ **ノブ・ノード調節**

ウエストラインを必要に応じてなめらかなラインに引き直す

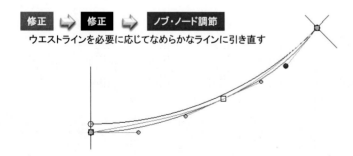

⑫ 後ろウエスト寸法を調整する

修正・カット ⇨ **延長・短縮** ⇨ **目的長**

変更する線（修正側）を選択　　目的長さを入力　　**実行**
　　　　　　　　　　　　　　（例：目的長　16.25cm）

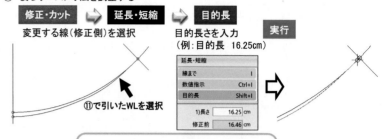

⑪で引いたWLを選択

延長・短縮	
線まで	I
数値指示	Ctrl+I
目的長	Shift+I
1)長さ	16.25 cm
修正前	16.46 cm

> 後ろウエスト寸法はウエストラインを引き直し
> たことで必要寸法の $\dfrac{W+1}{4}=\dfrac{64+1}{4}=16.25$cm
> よりも大きくなるため、調整する必要がある。

⑬ 後ろ脇線をかく

作成 ⇨ **線** ⇨ **曲線**

基点 ⇒ 線上点

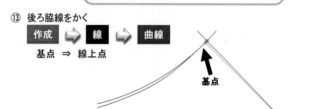

基点

線上点

⑭ 不要な線を消す

修正・カット ⇨ **消しゴム**

※必要な場合には交点カット、角延長・カット等を行う

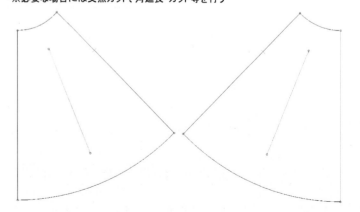

⑮ Y軸に地の目線方向を通す

図形を選択→Enter　　基準線を選択

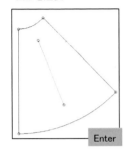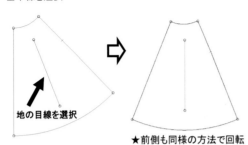

地の目線を選択

Enter

★前側も同様の方法で回転

＊　ベルトの作図
　　手動ベルト　　　p.21-22参照
　　自動ベルト　　　p.38参照

ベルトは一般に2～3cm幅のものが多いが、デザインに合わせて適宜決定するとよい。ここでは、3cm幅で作図している。

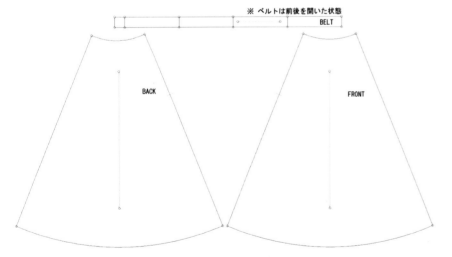

※ ベルトは前後を開いた状態

BELT

BACK　　　　　FRONT

パーツ化 ⇒ 3Dフィッティング（p.39参照）

（3）　サーキュラースカート

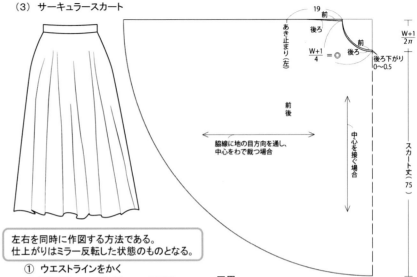

19
前
後ろ
前
あき止まり（左）
$\frac{W+1}{4}$ ＝ ◎
後ろ
$\frac{W+1}{2\pi}$
後ろ下がり
0～0.5
スカート丈（75）

前後

脇線に地の目方向を通し、中心をわで裁つ場合

中心を接ぐ場合

左右を同時に作図する方法である。仕上がりはミラー反転した状態のものとなる。

① ウエストラインをかく

・円周
・中心点を残す
フリー ⇒ （パラメーターパネルに値入力）例：円周 65cm

実行

② 裾線をかく
・半径
基点 ⇒ （パラメーターパネルに値入力）例：半径 85.35cm

$$スカート丈 + \frac{W+1}{2\pi} = 75 + \frac{64+1}{2\pi} = 85.35cm$$

基点

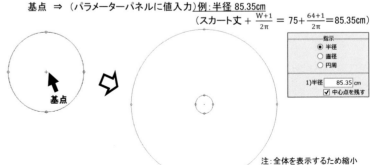

円
円　　　　　Ctrl+U
楕円

指示
○ 半径
○ 直径
● 円周

1)円周　　65.00 cm
☑ 中心点を残す

実行　　キャンセル

指示
● 半径
○ 直径
○ 円周

1)半径　　85.35 cm
☑ 中心点を残す

注：全体を表示するため縮小

③ 脇・中心線をかく

基点 ⇒ 基点，基点 ⇒ 基点

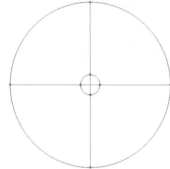

④ 前後にわける

※ ③でひいた線（X軸）で切り離す

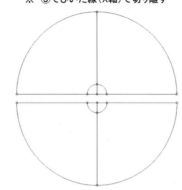

⑤ 後ろウエストラインをかき、寸法を調整する
　（p.145「（2）フレアスカート⑪，⑫」参照）
　　※半身のみ行う

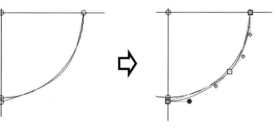

⑥ 後ろ脇線をかく
　（p.146「（2）フレアスカート⑬」参照）
　　※半身のみ行う

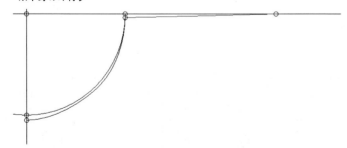

⑦ ウエストラインと脇線をコピーする

図形を選択→Enter

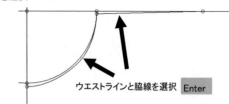

ウエストラインと脇線を選択　Enter

ミラーの中心線をクリック

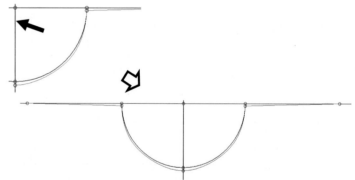

⑧ 前スカートを回転させる

移動・展開　回転　角度指定

図形を選択

回転中心点を移動し、角度入力→Enter

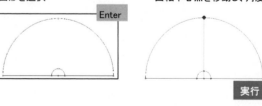 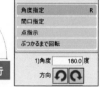

⑨ 不要な線を消す

修正・カット ⟹ **消しゴム**

※必要な場合には交点カット、角延長・カット等を行う

* 　地の目線　　　　　p.16参照
* 　わさマーク　　　　p.16参照
* 　ノッチ　　　　　　p.18,59参照
* 　ベルトの作図
　　　手動ベルト　　　p.21-22参照
　　　自動ベルト　　　p.38参照

> ベルトは一般に2～3cm幅のものが多いが、
> デザインに合わせて適宜決定するとよい。
> ここでは、3cm幅で作図している。

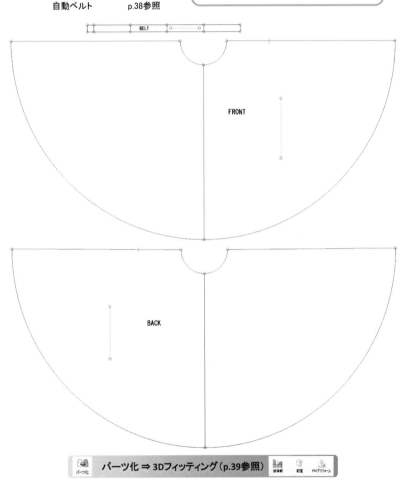

パーツ化 ⇒ 3Dフィッティング（p.39参照）

151

参考

ウエスト寸法を円周率から割り出す方法

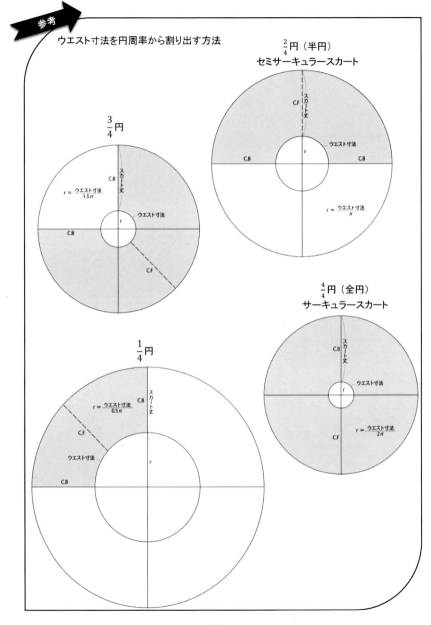

$\dfrac{3}{4}$円

$r = \dfrac{ウエスト寸法}{1.5\pi}$

ウエスト寸法

$\dfrac{2}{4}$円（半円）
セミサーキュラースカート

$r = \dfrac{ウエスト寸法}{\pi}$

$\dfrac{1}{4}$円

$r = \dfrac{ウエスト寸法}{0.5\pi}$

ウエスト寸法

$\dfrac{4}{4}$円（全円）
サーキュラースカート

$r = \dfrac{ウエスト寸法}{2\pi}$

ウエスト寸法

152

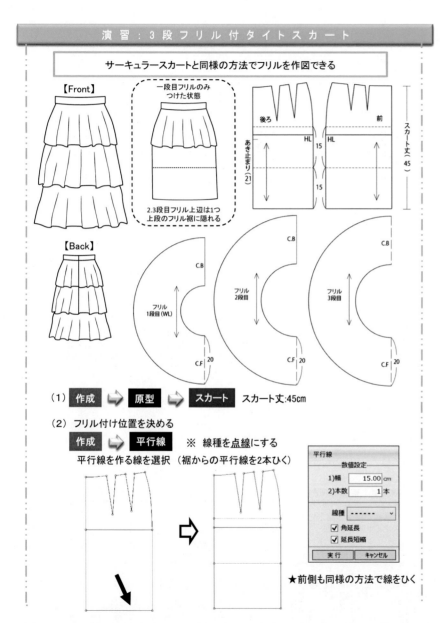

演習：3段フリル付タイトスカート

サーキュラースカートと同様の方法でフリルを作図できる

【Front】

一段目フリルのみ
つけた状態

2.3段目フリル上辺は1つ
上段のフリル裾に隠れる

【Back】

後ろ　前

HL　HL　15

あき止まり（21）

スカート丈（45）

15

C.B　C.B　C.B

フリル
1段目(WL)　フリル
2段目　フリル
3段目

C.F　20　C.F　20　C.F　20

（1）**作成** ➡ **原型** ➡ **スカート**　スカート丈:45cm

（2）フリル付け位置を決める

作成 ➡ **平行線**　※ 線種を点線にする

平行線を作る線を選択（裾からの平行線を2本ひく）

平行線

数値設定

1)幅　15.00 cm

2)本数　1 本

線種　------ ∨

☑ 角延長

☑ 延長短縮

実行　キャンセル

★前側も同様の方法で線をひく

（3）はみ出した線を修正する

修正・カット ➡ **延長・短縮** ➡ **線まで**

拡大図

（4）フリル付け線を計測する

仕上げ・チェック ➡ **計測**

後ろフリル付け線の長さ ＋ 前フリル付け線の長さ ＝ フリル付け寸法
※ 1段目と2段目はファスナーにかかるため、後ろ中心位置で切り、3段目は
円のまま用いるとよい

（5）フリルをかく
（p.148「（3）サーキュラースカート①，②」参照）

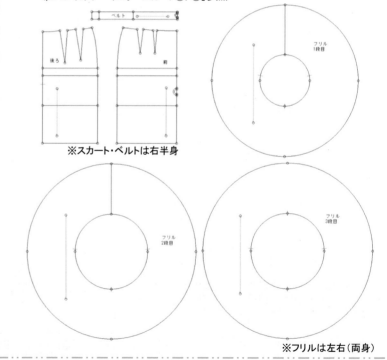

ベルト

後ろ　前

フリル
1段目

※スカート・ベルトは右半身

フリル
2段目　フリル
3段目

※フリルは左右（両身）

2. 袖

袖は身頃のアームホールと縫合するため、アームホール寸法に合わせて袖作図をすることになる。したがって、身頃の作図の後に袖作図を行うことになる。

(1) 袖山の高さの決定方法
新旧文化式原型の袖作図の考え方に大きな差がある。

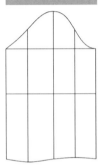

旧文化式原型「袖」

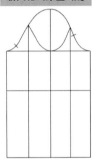

新文化式原型「袖」

● 旧文化式原型
袖山の高さ＝AH寸法から算出により決定

身頃のアームホール寸法を計測し、その値を用いて前後袖幅を決定する。袖山点はアームホール寸法から、肘点は袖丈からそれぞれ算出する。

旧文化式原型では、各種アイテムの袖パターンを作図する際、袖原型を展開する方法が基本となっている。

【旧文化式原型　袖山の高さの決め方】

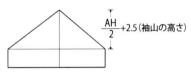

$\frac{AH}{2}$ +2.5（袖山の高さ）

● 新文化式原型
袖山の高さ＝身頃の前後肩先の高さから決定

仕上がった身頃のアームホールをトレースし、前後肩先の高さの中点からバストライン間の5/6の高さを袖山の高さとする。肘点は、旧文化式原型と同様に袖丈から算出する。

新文化式原型では、各種アイテムの袖パターンを作図する際、基本的には袖原型を用いての袖の展開をせず、仕上がった各身頃のAHから袖の作図を行う。

【新文化式原型　袖山の高さの決め方】

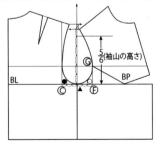

$\frac{5}{6}$（袖山の高さ）

袖山の高さの決め方の違いによる仕上がりの差は・・・？

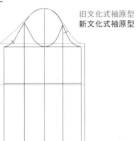

旧文化式袖原型
新文化式袖原型

● 新文化式の袖の方が袖幅が狭く、袖山が高い。

⇒袖幅が狭いことでフィット感が上がり、袖山が高いことでドレッシーなデザインとなるが、腕の運動等の動作の側面では旧文化式の方が動きやすいと判断できる。

※袖幅においては、新文化式身頃原型の身幅のゆとり量が旧文化式身頃原型よりも全体で2cm大きく、それに伴ってアームホールが大きくなることから、袖山の高さのような大きな差は出ない。

● 新文化式（身頃の肩先高さを基準）の方法は、旧文化式のように特定値を加算して算出する方法ではないため、体のサイズ（文化式においてはバストサイズ）の大小による決定値への影響が無い。

※旧文化式のように特定の値（原型の場合「+2.5cm」）を加算する方法であれば、サイズが小さいほどバランス的に袖山が高くなるという理屈になり、サイズよって仕上がり（デザイン）に差が生じることになる。

⇒サイズの大小に対応する側面では新文化式の方が美しい袖が仕上がると判断できる。

● 新文化式（身頃の肩先高さを基準）の方法は、アイテム展開の際に胸ぐせダーツ量の増減を行うと前肩先の高さに影響が出る。ダーツ量を減らし、身頃のフィット感を抑える目的でダーツ量の一部をアームホールのゆとりに移行した場合に、必然的に前肩先が上がり、それに伴い、袖山の高さが上がることになる。これらを勘案して、後ろアームホールのゆとりを追加したり、袖山の高さを5/6よりも低く設定する等の工夫が必要である。

⇒初心者には、旧文化式の方が考慮する要素が少ない側面において、描き易い作図であると判断できる。

アイテム展開における袖山の高さの考え方

各種アイテムの袖を作図する際の袖山高さの決定方法

❶ 袖原型を基準
袖原型の袖山の高さを基準にアイテム（デザイン）に応じて袖山の高さをプラスマイナスする方法

❷ 値でもって決定
アイテム（デザイン）に適する袖山の高さを値として決定する
例：シャツ⇒14cm
　　ジャケット⇒16cm
　　　　　　　　など

❸ 身頃の肩高さを基準
身頃の前後肩先の高さの〇割で決定する。

新旧文化式の袖作図として適合する方法
新文化式・・・❶、❷、❸
旧文化式・・・❶、❷
　　　　　　　※❸については可能ではあるが、旧文化式にはこの方法は紹介されていない。

（2）袖山曲線の作図
　新旧文化式原型の袖山曲線（袖下側）の作図の考え方にも大きな差がある。
　※袖幅線（袖山点から発進する斜線）の決め方及び袖山付近のカーブ作成の
　　考え方は新旧で同様

● 旧文化式原型
　前袖側の袖山曲線を描く案内点として袖下側に1.3cmの既定値がある。後ろ袖の袖下側には指示はなく、ほぼ直線を描くことになる。

● 新文化式原型
　袖下側の袖山曲線の案内点の指示はいずれも既定値ではなく、身頃のアームホールの底付近をトレースした形状そのものを用いる方法である。
（赤色・青色でそれぞれ色付けした箇所）

【旧文化式原型　袖山曲線のかき方】

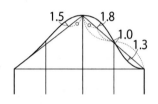

【新文化式原型　袖山曲線のかき方】

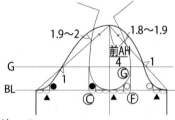

<u>袖山曲線の作図法の違いによる仕上がりの差は・・・？</u>

● 新文化式の方法は、袖下近くの袖山曲線を前後共にアームホール形状をトレースしており、結果として前後ともにある程度の窪みを持つ曲線となる。旧文化式の場合は、前側に1.3cm窪ませる指示がある。新旧の比較すると後ろ側の曲線に大きな差が生じる。

【前後袖下をそれぞれ重ねた新旧袖原型】

　　　　後ろ袖下側　　　　　　前袖下側

　　　　　　　　　　　　旧文化式袖原型
　　　　　　　　　　　　新文化式袖原型

前袖側の曲線は近似し、後ろ袖側は新文化式の方が深い窪みを有している。このことにより、袖つけ後、旧文化式の場合は、後腋点に浮き（図中の黄部分）が生じることになる。
⇒直立不動状態では新文化式の方が後腋点の浮きがなく、美しさの側面では、新文化式の方がよいと判断できる。
⇒後腋点に浮き（図中の黄部分）分が多いことにより旧文化式の方が可動域が大きく、腕の上げ下げ等運動面においては、旧文化式の方が動き易いと判断できる。

● 新文化式の方法は、トレースした箇所（袖下近くの袖山曲線）が身頃アームホールの形状と全く同様になる。旧文化式の場合は、数値的には身頃のアームホールのサイズと合致させているが、形状においては全く同様ではない。

⇒袖付けの際に、新文化式の方法が同形状同士のためピン打ちがし易く、また縫製し易いと考えることができる。

【参考】袖原型（新文化式原型）

新文化式では、仕上がった各身頃のAHをトレースして袖作図を行う方法が多く用いられる。ここでは、その作図法を紹介する。ここでは身頃原型を用いて作図しているが、身頃原型から各種アイテム身頃へ展開後の身頃から袖を作図する場合も同様の方法で作図する。

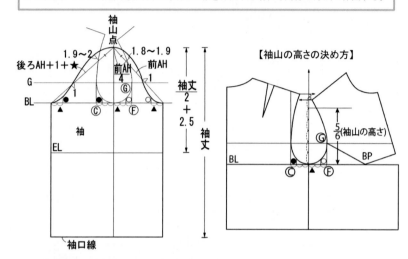

【袖山の高さの決め方】

（1）袖作図の基となる身頃を準備する

　作成 ⇨ 原型 ⇨ 身頃-1

（2）胸ぐせダーツをセンターダーツに移動する
　　（p.97「1. 胸ぐせダーツの展開　（5）センターダーツ」参照）

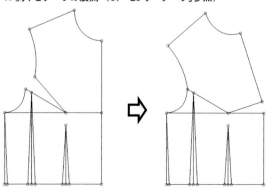

（3）袖山の高さを設定する

① 袖山・袖幅線をかく

| 作成 | ⇨ | 線 | ⇨ | 直線 |

フリー ⇒ Ctrl , フリー ⇒ Ctrl

| 修正・カット | ⇨ | 線カット | ・交点 |

袖山線

袖幅線

② 前後身頃の袖ぐり及び肩線をコピーする

パターン選択 ⇒ Ctrl クリック

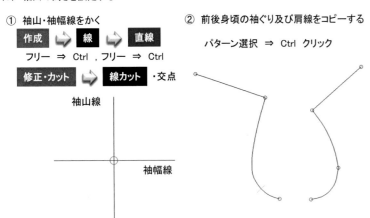

③ ①でかいた袖山線と袖幅線の交点に②でコピーしたパターンの袖ぐり底点を移動する

| 移動・展開 | ⇨ | 移動 | ⇨ | 端点移動 |

図形を選択→Enter

移動元をクリック
・基点

移動先をクリック
・基点

★前側も同様の方法で移動

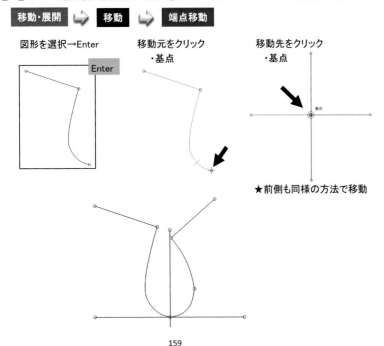

④ G線を入れる
　※ G線が既に入っている場合には、省略

方法1
（前アームホールに胸ぐせダーツのノード（ポイント）が残っている場合）

| 作成 | ⇨ | 線 | ⇨ | 直線 |

ノード選択 ⇒ Ctrl クリック , ノード選択 ⇒ Ctrl クリック

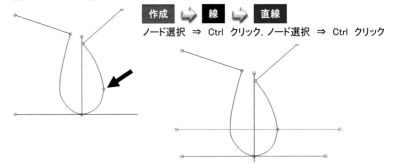

方法2
（前アームホールに胸ぐせダーツのノード（ポイント）が残っていない場合）

| 作成 | ⇨ | 平行線 |

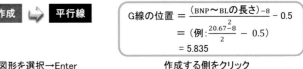

$$\text{G線の位置} = \frac{(\text{BNP〜BLの長さ})-8}{2} - 0.5$$
$$= (\text{例} : \frac{\frac{20.67-8}{2}}{2} - 0.5)$$
$$= 5.835$$

図形を選択→Enter

作成する側をクリック

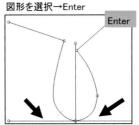

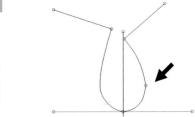

数値を入力→Enter
（線種：直線）

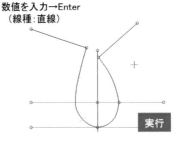

平行線

数値設定

1)幅　　5.84 cm

2)本数　　1 本

線種　━━━━

☑ 角延長
☑ 延長短縮

実 行　　キャンセル

⑤ SPを基点に平行線をひく

基点 ⇒ フリー ⇒ Ctrl , 基点 ⇒ フリー ⇒ Ctrl

⑥ ⑤でひいた2本線の間の距離（Y差）を計測する

仕上げ・チェック ⇨ 計測 ・Y差

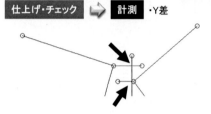

計測
種類
○ 線長
○ 部分長（ノッチ間）
○ 線長（点指示）
○ 2点間
○ X差
● Y差
○ XY差
○ 3点間角度
○ 線分間角度
○ 軸間角度
○ 面積（仕上線）
○ 面積（裁切線）

⑦ ⑥で計測した距離の等分位置に案内線を入れる

作成 ⇨ 平行線

⑥で計測した値の 1/2（例：1.12cm）の所に平行線をかく。

⑧ 袖山点を決める

修正・カット ⇨ 線カット ・交点   作成 ⇨ 線 ⇨ 直線
比率点 5/6 ⇒ フリー ⇒ Ctrl

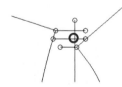

この辺りをクリック

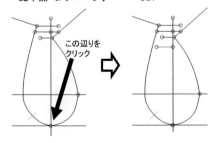

（4）基礎線をかく

① 前後AHを計測する

仕上げ・チェック ⇨ 計測 ・線長

線長21.63cm   線長20.54cm

② 袖山点からBLに向かって前AH寸法を斜めにとり、袖幅を決める

作成 ⇨ 円弧 ⇨ 半径指示

作成位置をクリック
基点

数値を入力→Enter
前AH寸法（例：20.54cm）

開始・終点位置をそれぞれクリック

円弧
半径指示   U
3点指示
1)半径 20.54 cm
2)角度 21.7 度
□ 中心点を残す
実行   キャンセル

開始位置

終点位置

作成 ⇨ 線 ⇨ 直線
基点 ⇒ 交点

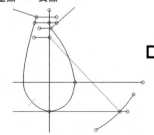

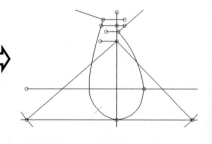

★後ろ側も同様の方法で斜線をひく（値：後ろAH+1cm）

③ 袖丈を調整する

修正・カット ➡ **引き直し** ➡ **2線指示**　　**修正・カット** ➡ **線カット**

・1線固定
・1本化　　　　　　　　　　　　　　　　　・交点

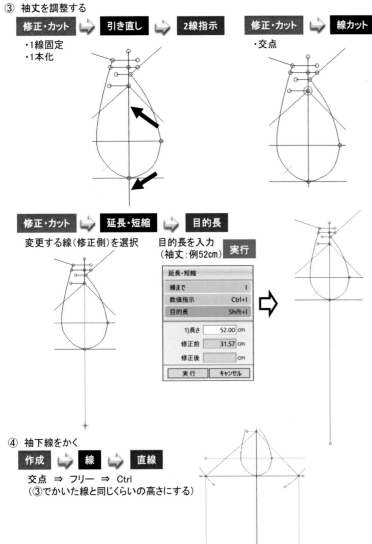

修正・カット ➡ **延長・短縮** ➡ **目的長**

変更する線（修正側）を選択　　目的長を入力
　　　　　　　　　　　　　　（袖丈：例52cm）**実行**

延長・短縮	
線まで	I
数値指示	Ctrl+I
目的長	Shift+I
1)長さ	52.00 cm
修正前	31.57 cm
修正後	cm
実 行	キャンセル

④ 袖下線をかく

作成 ➡ **線** ➡ **直線**

交点 ⇒ フリー ⇒ Ctrl
（③でかいた線と同じくらいの高さにする）

⑤ 袖口線をかく

基点 ⇒ 線上線 ⇒ Ctrl , 基点 ⇒ 線上線 ⇒ Ctrl

線上点　　　基点

★前側も同様の方法でかく

修正・カット ➡ **角延長・カット**

★前側も同様の方法で修正

⑥ EL（エルボーライン）をかく

$$ELの位置 = \frac{袖丈}{2} + 2.5$$
$$= （例：\frac{52}{2} + 2.5）$$
$$= 28.5$$

作成 ➡ **線** ➡ **直線**

基点 28.5cm ⇒ 線上線 ⇒ Ctrl , 交点 ⇒ 線上線 ⇒ Ctrl

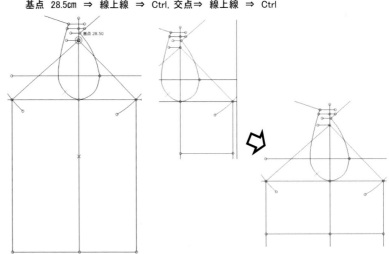

基点 28.50

（5）輪郭線をかく

① 前袖山曲線のための案内線をかく

| 作成 | ⇨ | 直角線 | ⇨ | 長さ指示 |

比率点　1/4

作成位置をクリック

数値を入力→作成側をクリック
（例：1.9cm）　| 実行 |

直角線

長さ指示	V
線指示（基準線）	Ctrl+9
線指示（選択線へ）	Shift+V

1）長さ　1.90 cm

| 実行 | | キャンセル |

② 後ろ袖山曲線のための案内線をかく

| 仕上げ・チェック | ⇨ | 計測 | ・2点間

2点間 5.15cm

| 作成 | ⇨ | 直角線 | ⇨ | 長さ指示 |

・基点　5.15cm
　直角線の長さ（例：1.8cm）

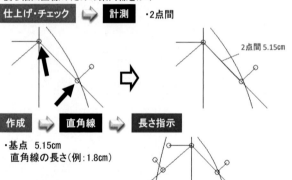

③ 袖幅線に等分線をかく

| 修正・カット | ⇨ | 角延長・カット |

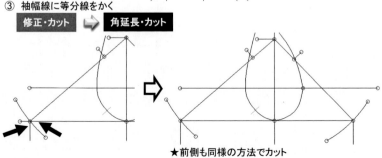

★前側も同様の方法でカット

| 作成 | ⇨ | 線 | ⇨ | 直線 |

中点　⇒　線上線　⇒　Ctrl, 中点　⇒　線上線　⇒　Ctrl

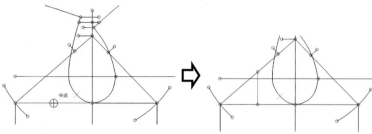

★前側も同様の方法でかく

④ 袖ぐり線を反転させる

| 移動・展開 | ⇨ | ミラー |

図形を選択→Enter　　　　軸をクリック

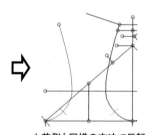

★前側も同様の方法で反転

⑤ 袖山曲線をかく

| 作成 | ⇨ | 線 | ⇨ | 曲線 |

基点　⇒　基点　⇒　交点 1cm　⇒　線上線　⇒　基点
（袖山点）（案内線）（G線との交点　（反転AH）（袖下線）
　　　　　　　　　　より1cm上）

★後ろ側も同様の方法でかく
　基点　⇒　基点　⇒　交点 1cm　⇒　線上線　⇒　基点
（袖山点）（案内線）（G線との交点　（反転AH）（袖下線）
　　　　　　　　　　より1cm下）

※　必要に応じてノブ・ノード調節で曲線を整える

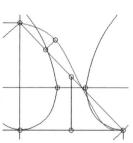

⑥ 不要な線を消す

修正・カット ➡ 消しゴム

※必要な場合には交点カット、角延長・カット等を行う

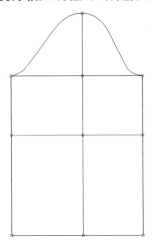

※ 原型としてではなく、完成パターンとして
  使用する場合は、地の目線、パーツ名
  等必要な情報を記す

参考

袖山曲線と（身頃）アームホール寸法との関係

袖作図が完成したら袖山曲線を計測し、アームホール寸法との関係を確認する。
デザインや生地によって異なるが、一般に7～8％のいせ量を袖側が有することになる。

袖山曲線 ＞ アームホール

拡大・縮小

布の伸縮率に即して適したサイズにする目的でパターンを拡大・縮小する
際に便利な機能である。

（1） 修正・カット ➡ 拡大・縮小

（2） （拡大・縮小する）図形を選択→Enter

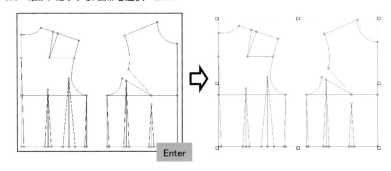

（3） 数値を入力→Enter

（例：50％） 実行

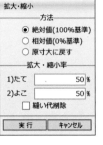
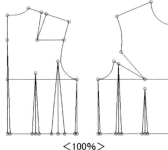

＜100％＞　　　　　＜50％＞

※ 拡大・縮小率の「たて」「よこ」に異なる値を入れるとたてよこの比率を変えることができる

３Ｄ画像のＣＡＤ画面への貼り付け

3Dバーチャルフィッティングソフトで着せつけした画像はペイント系ソフトで
保存することで2D画面（CADキャンバス）に貼り付けることができる

（1）ロケーター上で右クリックをして
　　正面を選択

（2）Windowsアクセサリの中のSnipping Toolを起動

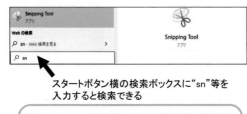

スタートボタン横の検索ボックスに"sn"等を
入力すると検索できる

"Snipping Tool"の他「ペイント」等、画像の保存が
可能なアプリケーションでも同様のことができるが、
スクリーンショット機能を持たないアプリケーション
の場合には、パターンマジックⅡでスクリーン
ショット（p.51参照）を作成して貼り付けるとよい。

（3）「新規作成」をクリック

（5）ファイルの保存
　　「名前を付けて保存」

（4）撮りたい箇所をドラッグで囲む

（6）パターンマジックⅡにファイルを取り込む

入出力　➡　イメージ取り込み　➡　ファイルから　・イメージファイル選択

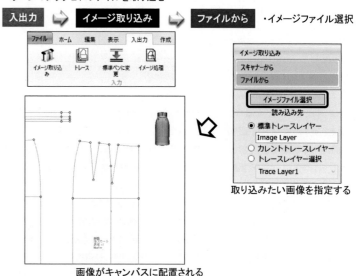

取り込みたい画像を指定する

画像がキャンバスに配置される

（7）サイズを調整する

修正・カット　➡　拡大・縮小

2Dのパターンと比較し
て小さなサイズで画像
配置されることが多い。
必要に応じて拡大（場
合によっては縮小）する
とよい。

図形を選択 → Enter

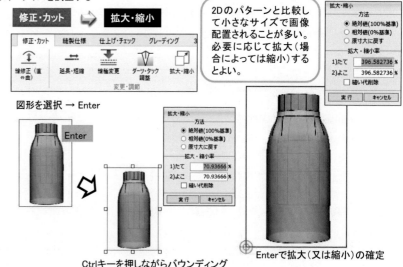

Ctrlキーを押しながらバウンディング
ボックスをドラッグして拡大（又は縮小）

Enterで拡大（又は縮小）の確定

引 用・参 考 文 献

- CREA COMPO Ⅱ, https://www.toray-acs.co.jp/products/creacompo2/(2022/12/23)
- 東レACSトレーニング, https://www.toray-acs.co.jp/support/training/(2022/12/23)
- 山本 高美：CAD Pattern Making Ⅰ(2003), 家政教育社
- 山本 高美：CAD Pattern Making Ⅱ(2007), 家政教育社
- 山本 高美：アパレルCAD教育システムの開発(2009), 風間書房
- 文化服装学院編：改訂版・服飾造形講座②スカート・パンツ(2009), 文化出版局
- 文化服装学院編：改訂版・服飾造形講座③ブラウス・ワンピース(2009), 文化出版局
- 文化服装学院編：改訂版・服飾造形講座①服飾造形の基礎(2009), 文化出版局
- 文化服装学院編：アパレル生産講座⑥CADパターンメーキング(2004), 文化出版局
- まるやま はるみ：誌上・パターン塾Vol.1トップ編(2014), 文化出版局
- まるやま はるみ：誌上・パターン塾Vol.2スカート編(2016), 文化出版局
- まるやま はるみ：誌上・パターン塾Vol.4ワンピース編(2018), 文化出版局
- 中屋 典子, 三吉 満智子監修：文化女子大学講座 服飾造形学 技術編Ⅱ(2007), 文化出版局
- 今松 禮子, 大島 澄江, 才田 真喜代, 保刈 禎子：大学課程 被服構成(1987), 建帛社
- 猪又 美栄子ほか7名：文部科学省検定済教科書 高等学校家庭科用 ファッション造形基礎(2017), 実教出版

使 用 ソ フ ト ウ ェ ア

- Pattern Magic Ⅱ CREACOMPO Ⅱ Version 8.0.0.0 x 64, 東レACS株式会社
- PowerPoint 2019, Microsoft Corporation
- Adobe Illustrator 2021, アドビ株式会社
- 4D-box PLANS Version4.20.812(2), 株式会社トヨシマビジネスシステム

※本書籍に記載の内容は、著者の責任において記載している。

著者紹介

末弘 由佳理 (すえひろ ゆかり)

■武庫川女子大学生活環境学部生活環境学科 准教授
■博士（学術）

池田 仁美 (いけだ ひとみ)

■武庫川女子大学生活環境学部生活環境学科 講師
■博士（生活環境学）

CAD パターンメーキング入門
作図から 3D バーチャルフィッティングまで

2023 年 4 月 1 日　初版　発行
2024 年 4 月 11 日　第 2 版　発行

著　　　者　末弘由佳理
　　　　　　池田仁美

発　行　所　株式会社 三恵社

〒462-0056　愛知県名古屋市北区中丸町 2-24-1
TEL.052-915-5211　　FAX.052-915-5019
URL https://www.sankeisha.com